rororo aktuell Essay

Herausgegeben von
Rüdiger Dammann und Frank Strickstrock

Begründet von Freimut Duve

CHAIM NOLL

Leben ohne Deutschland

Rowohlt

Originalausgabe
Veröffentlicht im Rowohlt Taschenbuch Verlag GmbH,
Reinbek bei Hamburg, März 1995
Copyright © 1995 by Rowohlt Taschenbuch Verlag GmbH,
Reinbek bei Hamburg
Alle Rechte vorbehalten
Umschlaggestaltung Büro Hamburg – Jürgen Kaffer /
Peter Wippermann (Foto: Oliver Kohler)
Satz Baskerville (Linotronic 500)
Gesamtherstellung Clausen & Bosse, Leck
Printed in Germany
1400-ISBN 3 499 13619 8

INHALT

VORREDE:
MEIN BERUF IST GEFÄHRLICH
EIN ESSAY ÜBER DEN ESSAY

Mein Beruf ist einer der seltsamsten, zugleich ältesten. Er beherrscht mein Leben, indem er mich in eine fragile, einzigartige Stellung zur Umgebung manövriert. Der tägliche Umgang mit dem geschriebenen Wort führt unmerklich zum Infragestellen gesellschaftlicher Verabredungen. Schreiben ist ein Prozeß des Konzentrierens, Verdichtens, den das deutsche Wort «dichten» gut wiedergibt, ein Vorgang, unheimlich, zauberhaft, manchmal erschreckend, auf Abwegen. Das Ergebnis ist immer ungewiß, die Wirkung kaum kalkulierbar, sie kann ungeheuerlich sein.

Eine gewisse Asozialität des Autors ist unvermeidlich, aber wie weit darf sie gehen? Die Mitwelt folgt ihren eigenen Gesetzen, treibt ihre Geschäfte, stellt ihre Forderungen. Die Forderungen werden erhoben ohne Rücksicht, ob sie ausführbar sind. Und immer werden sie von einer Mehrheit erhoben, während der Autor allein ist. Nicht mal «Minderheit», sondern wirklich allein. Die Situation kann bedrükkend, gefährlich werden. Heinrich Mann beschreibt sie in seinem Essay über den französischen Romancier Flaubert: «Die Zeit will ihn modern, wissenschaftlich und nüchtern. Sie erhebt ihre Forderungen in ihm selbst. Seine zunehmende Geistigkeit verfeindet ihn mit seinem Herzen. So ergibt er sich der Unterwerfung dessen, was er war, dem Kampf gegen den Jüngling, der noch in ihm lebendig ist.» Der Konflikt wird verschärft, wenn, wie in diesem Fall, der Autor «die Forderungen der Zeit» verinnerlicht hat, ihre Partei ergreift und nicht seine eigene. Die Zeit, um die es hier geht, ist unsere. Und der spezifische Typ des Schriftstellers, den sie gebildet hat, im Hin und Her von Kampf und Anpassung, von Zweifel und Liebe, Aggression und Demut, heißt «der freie Autor».

Das Wort entstand aus dem lateinischen *auctor*, Urheber, nahe verwandt mit *auctoritas*, Ansehen. Der Autor als Erfinder und Urheber von Texten, die ihm sogar Ansehen verschaffen. Zwar bleibt er Schreiber, Vertreter eines uralten Berufes, aber neu verstanden. Er schreibt nicht anderer Leute Gedanken nieder, nimmt nicht Diktate auf, schmückt nicht aus, was andere ersannen, ist nicht Vervielfältiger, Sekretär oder Kalligraph, sondern selbst Quelle und Ursprung, das heißt zuerst: er selbst.

Mein Beruf ist gefährlich. Hinter mir steht nichts und niemand, keine Firma, keine Partei, kein Verein. Dem Finanzamt gelte ich als «Freier» oder «Selbständiger» im geschäftlichen Sinn. Ich besitze ein paar Arbeitsmittel, setze um, was ich einnehme. Meine Texte erscheinen auf dem «Literaturmarkt», «verkaufen sich» gut oder schlecht, insgesamt gehört, was ich herstelle, zum «Literaturbetrieb».

Dieser Status ist, historisch gesehen, neu. Der Literat, der seine Texte auf dem freien Markt anbietet und im günstigen Falle verkauft, entstand mit dem Triumph des Marktes über andere herrschende Strukturen, zwischen dem sechzehnten und achtzehnten Jahrhundert. Der freie Autor taucht auf mit den wetterleuchtenden bürgerlichen Freiheiten und Sicherheiten. Im Mittelalter, noch in der Renaissance, hätte sich kaum jemand eine ungebundene, niemandem hörige, auch von niemandem geschützte Existenz vorstellen können.

In der Antike waren Autoren entweder Klienten von Mächtigen oder selbst mächtig: schreibende Politiker, Generäle, Privatiers mit senatorischem Vermögen wie die Cato, Plinius, Seneca, Tacitus. Frei im heutigen Sinn waren weder die einen noch die anderen, sondern engen sozialen Bindungen und Diensten verpflichtet, das antike Rom blieb Standes- und Militärgesellschaft. Um sich des Satirikers Juvenal zu entledigen, übertrug Kaiser Hadrian dem Achtzigjährigen ein Militärkommando in Nordafrika: Juvenal, als Ritter, mußte den Befehl befolgen und starb in der Wüste.

Er hatte das Elend des antiken Literaten zuvor ausgiebig beklagt. Nur Schmeichelei gegen die Mächtigen trüge Früchte ein, ansonsten drohe, wie es in seiner siebten Satire heißt, bitterste Armut und Verachtung: «Glaubst du, anders Protektion finden zu können, und schreibst deshalb dein gelb gebundenes Büchlein voll, dann laß dir lieber schnellstens Holz reichen oder schließe dein Büchlein, leg's beiseite und laß es von Würmern zerfressen. Weiter kannst du nichts erhoffen, der reiche Geizhals versteht schon, sich auf das wohlfeile Lob der Dichter zu beschränken…»

In ähnlicher Weise klagt – zur Zeit der Kaiser Nero, Titus, Domitian – der Dichter Martial: «Einer, den ich in meinem Gedicht gelobt habe, tut, als ob er mir nichts schuldig sei; er hat mich angeschmiert.»

Oder er bettelt um eine Toga, einen Mantel, und bei seinem Gönner Regulus fragt er an, ob jener die Geschenke, die er Martial gemacht, nicht wieder zurückkaufen wolle. Der jüngere Plinius, selbst Literat, bedankte sich für lobende Erwähnung durch Überweisung einer Geldsumme. Vielleicht tat er es, weil Martial trotz aller Klagen ein einflußreicher Mann war. Wen er in seinen Gedichten angriff, der wurde zum Gespött der Stadt. Da lud man ihn lieber zum Essen ein und machte ihm eine silberne Schale zum Geschenk.

Ein früher Fall von Furcht vor einem Literaten. Hat Martial diese Furcht vorsätzlich verbreitet, hatte er politische, moralische, «gesellschaftliche» Absichten? Wissenschaftliche Stimmen nennen seine Schilderungen übertrieben, auch jene, die das Leben der Literaten betreffen. Ludwig Friedländer: «Allerdings waren die Dichter wie in allen Zeiten, in denen literarische Produktion nicht unbedingt verwertet werden kann, ganz und gar auf die Gunst der Mächtigen angewiesen. Der Eintritt des Dichters in das Klientelverhältnis zu einem der Großen vollzog sich gewöhnlich in der Form der Widmung eines oder mehrerer Werke an ihn, wodurch der Beschenkte sich moralisch verpflichtet fühlte, die Sorge für den Lebensunterhalt seines Schützlings zu übernehmen.»

Interessant ist die Wendung: literarische Produktion verwerten. Sie deutet auf einen wesentlichen Unterschied zwischen früheren Gesellschaften und unserer, sie weist darauf hin, daß es einen offenen Markt für Literatur nicht gab und die Nachfrage nach literarischen Werken überaus gering war. Geistiges Leben, zentriert an wenigen Höfen, blieb einer hauchdünnen Elite vorbehalten, der überwiegende Teil der Bevölkerung war analphabetisch.

Der Schreibende konnte seine Wirkung nur schwer entfalten, seine öffentliche Bekanntheit erwies sich als abhängig von der Gnade der Mächtigen, und oft genügte ein Wort des Autokraten, um sie ganz zu unterbinden wie im Falle des Humanisten Pico della Mirandola, Autor der «Rede über die Menschlichkeit», den Papst Innozenz VIII. nicht nur am Verbreiten seines Essays hinderte, sondern auch als Person vernichtete. Dergleichen geschah oft und sehr schnell, ohne daß es groß Staub aufgewirbelt hätte.

Was in der Antike immerhin an Freiheiten möglich war, nahm die folgende Zeit zurück. Im Mittelalter war der freie Literat eine undenkbare, da von niemandem benötigte Figur. Und je wilder, wirrer und härter die Zeiten – Krieg, Pestilenz, Parteienhaß, wirtschaftlicher Niedergang –, um so undenkbarer eine heute übliche Erscheinung: der Literat als Kritiker, als Oppositioneller. Jahrhundertelang blieb es beim Klientelverhältnis, war Literatur ein Mittel, Protektion zu erwerben, und ihr größter vorstellbarer Effekt bestand darin, an einem Hof unterzukommen, gut versorgt, aber selbstverständlich loyal.

Die dieses Muster schließlich durchbrachen, fingen noch als Höflinge an. Zum Beispiel Voltaire. Oft wird er der erste freie Autor genannt, weil er für eine erste Blütezeit unabhängigen Schreibertums steht: Wie ein Souverän saß er auf seinem Landsitz am Genfer See, konnte befördern oder verurteilen, mit seinem Wort mußten die gekrönten Häupter Europas rechnen wie mit einer politischen Macht. Den Landsitz hatte er sich «erschrieben», wie er stolz in seinen Memoiren betont. Seine Souveränität war das Ergebnis eines lebenslangen Kampfes gegen alle Versuche, ihn zu unterdrücken.

Über die literarische Form dieser Emanzipation ist bisher nichts gesagt. Die Art Literatur, um die es hier geht, die öffentliche, sich zu den Angelegenheiten der Zeit, sogar des Tages äußernde, bediente sich aller denkbaren Mittel, möglichst der zu ihrer Zeit wirksamsten. Überhaupt ist das Unterscheiden von Genres eine Angelegenheit der Literaturwissenschaft, die Literaten selbst haben sich kaum je daran gehalten. Was sind etwa die sogenannten «Kleinen Romane» Voltaires? Dichtungen, Fabeln, Romane, philosophische Traktate? Der Autor hat nur zum Schein fabuliert, in Wahrheit geht es ihm um gesellschaftliche und politische Fragen der Zeit, aber auch darum nicht ganz, die Tagesfragen sind wieder nur Aufhänger für zeitlose, allgemein existentielle, allgemein menschliche Themen.

Um diese Zeit entstand der Begriff für derlei öffentlich-literarische Experimente, für Texte, die ab ovo zum öffentlichen Wirken bestimmt sind, bezeichnet mit einem Wort, das im Englischen wie Französischen und zunehmend im Deutschen zu Hause ist: Essay.

Der Essay bleibt ein etwas unbestimmtes Genre. Vom lateinischen Urwort *exagium*, Versuch, leiten sich Verben ab, die variieren. Das französische *essayer* geht in Richtung *zum ersten Mal versuchen, wagen,* das englische *search* eher in Richtung *suchen, prüfen.* Das italienische *saggiore* hat in der substantivierten Form *saggio* Doppelbedeutung gewonnen, einmal *Probe, Versuch, Essay* wie die Schwesterworte in den anderen Sprachen, zum anderen heißt es *der Weise,* als Adjektiv *weise.*

Das «Suchen» ist dem Essay-Begriff in allen drei Sprachen eigen, aber das Italienische nennt Probieren und Suchen darüber hinaus weise, eine ungebrochen antike, betont sinnliche Einstellung: Sie akzeptiert Wissen am ehesten, wenn es auf empirischem Weg erworben ist. Die Weisheit des Essays entsteht aus Erfahrung. Selbsterlebtes wird auf direkte, unverschlüsselte Art verarbeitet – einer der Gründe, warum die wenigsten Autoren dieser Form widerstehen können.

Zudem ist die italienische Doppel-Wörtlichkeit eine erste Wertung der neuen Kunstform. Beim Essay handelt es sich nicht nur um Gesichte eines Dichters, sondern um solche, die Anspruch auf das Beiwort weise erheben, im besten Fall verdienen. Die «Suche», die versuchsweise vorgetragene Betrachtung, Zergliederung, Interpretation muß auf Kenntnissen und Erfahrungen beruhen, nicht so sehr auf Stimmungen, Emotionen oder Sprachspielen. Sie soll von öffentlichem, wenngleich im Ursprung subjektivem Interesse sein.

Alles weitere bleibt offen. Ein Essay hat keine formalen Grenzen. Er ist in Dialogform möglich wie Plutarchs Tischgespräche, als Roman verkleidet wie bei Rousseau oder als Gedicht wie Aretinos «Pax vobis» von 1527. Die Form ist abhängig vom Geschmack der Zeit, den der Autor berücksichtigen muß, wenn er durchdringen will. In der Antike gelangten Historiographen zu größerem Einfluß und höherer Geltung als Literaten, so benutzte man die Hülle von Reden, Annalen oder Biographien, um in zeitgenössischen Affären Partei zu ergreifen.

Denn das zweite Kennzeichen des Essayistischen neben der «Weisheit» ist Parteinahme. Auch dieses Bedürfnis ist so alt wie mein Beruf. Es bezeichnet die Berufung des schöpferischen Menschen, seine Neigung zur Kritik, zum Angreifen bestehender Einrichtungen mit dem Ziel ihrer Verbesserung. In der Wurzel ein künstlerisches Problem: Das Medium Sprache, jenes Gitter der Schrift mit seinen inneren Eigengesetzen, seinem Zwang zu Beschränkung und Formalisierung, drängt den Autor täglich zu Entscheidungen, Alternativen, schließlich zu Urteilen. Kritik liegt, wie Thomas Mann fand, im Charakter der Sprache selbst: «Ich werde meine dichterische Arbeit wohl niemals vor argen Unterbrechungen durch eine essayistische, ja polemische Neigung schützen können, die weit zurückreicht, die offenbar ein unveräußerliches Ingredienz meines Wesens bildet, und bei deren Erfüllung ich des Goetheschen Selbstgefühls, ‹recht zum Schriftsteller geboren zu sein›, vielleicht erregender teilhaft werde als beim Fabulieren... Eine Kunst, deren Mittel die Sprache ist, wird immer ein im hohen Grade kritisches Schöpfertum zeitigen, denn Sprache selbst ist Kritik des Lebens: sie nennt, sie trifft, sie bezeichnet und richtet, indem sie lebendig macht.»

Also ein drittes, wenigstens erstrebtes Ziel: Lebendigkeit. Der Essay soll gelesen werden, er soll treffen, zeichnen, sogar richten. Soll möglichst auf der Stelle etwas bewirken. Überhaupt soll er etwas. Wo aber Absicht im Spiel ist, muß es auch Zielpersonen geben: Leser.

Um die Botschaft zu empfangen, zu verstehen, zu ertragen, müssen diese Leser eine Gemeinsamkeit mit dem Autor besitzen. Sie müssen frei sein, frei in ihrer Urteilskraft wie der Autor. Sie müssen ihrerseits das Recht auf kritisches Denken besitzen. Es ist klar, daß dieses atemberaubende Recht immer wieder erkämpft werden muß. Jemand muß da sein, der es öffentlich behauptet, der es beispielhaft wagt und riskiert.

Das Aufkommen des freien Autors erst mit Voltaire und den Aufklärern zu datieren, wäre nicht korrekt. Wenigstens ein großer Vorläufer ist bekannt, der sie in mancher Weise übertraf, weil er nicht mal mehr Kammerherr war wie Voltaire, sondern ganz und gar frei, ohne jeden Titel und Hofrang, ohne Sicherungen traditioneller Art: der Italiener Pietro Aretino, ein Mann der Hochrenaissance, des sechzehnten Jahrhunderts. Ein Mann, so angefeindet, verhaßt, geliebt, bewundert, gefürchtet wie kein Dichter seiner Zeit.

Aretino erschien 1517 in Rom und wußte sich bei Leo X., dem Mediceer-Papst, beliebt zu machen. Der Einstieg in jede literarische Karriere waren auch damals Schmeicheleien. Dem Papst folgte später ein anderer Medici, der Söldner-Führer Giovanni. Dieser junge Condottiere muß trotz kriegerischen Wesens gewandt, umgänglich, vielleicht gebildet gewesen sein, zu seinen engen Freunden gehörte Leonardo da Vinci. Offenbar hat Aretino von ihm gelernt, wie man sich gegen Stärkere durchsetzt, wie reizvoll, wenngleich gefährlich, ein ungebundenes Leben ist.

Der für die Literatur bedeutende Schritt war, daß Aretino seinem inneren Drängen nachgab, die Mächtigen zu kritisieren, anzugreifen, zu schmähen. Es war ein Um-sich-Schlagen, aber nicht sinnloserweise, sondern zur Selbstbefreiung. Ein Historiker beschreibt zu Beginn unseres Jahrhunderts den Vorgang so: «Weshalb sollte die Feder ein schlechteres Werkzeug sein als die Waffe, dachte Aretino, weshalb ließe sich nicht auch mit Tinte die Freiheit erkämpfen? Die Humanisten und Literaten waren bis jetzt nur ein Teil des Hofgesindes gewesen. Hunderte von Schriftstellern und Dichtern haben ihre Sklaverei beklagt. Aretino beschloß, ein freier Mensch zu werden.»

Sein polemisches Gedicht «Pax vobis» im Jahr des «Sacco di Roma» 1527 war ein ungeheuerlicher Angriff auf Papst Klemens VII., der darüber vor Wut geweint haben soll. Um so mehr, als ihm der Dichter das Scheitern seiner Politik vorausgesagt hatte, daher in aller Augen zu seinem Poem legitimiert war. Aretino schrieb es in sicherer Entfernung, auf dem Gebiet der Republik Venedig, die ihm Asyl gewährte. Auch Voltaire bevorzugte später bürgerlich-schweizerischen Boden, um den König von Frankreich, den König von Preußen, die Jesuiten anzugreifen oder wen immer er anzugreifen beschloß. Es mußte erst wieder Republiken geben, ehe diese Art Literatentum möglich wurde.

Wenn die Zeit danach war, konnte sich der Essayist in die

Rolle eines öffentlichen Anklägers gedrängt sehen, zweifellos mit Folgen, mit Auswirkungen auf seinen Stil. Es war in den seltensten Fällen eine freiwillige Entscheidung. Und es wäre so ungerecht wie falsch, frühe Essayisten wie Aretino, Voltaire oder Swift als literarische Desperados hinzustellen. So scharf, verletzend, oft persönlich beleidigend ihre Sprache sein mochte, sie blieb immer um literarische Form bemüht, blieb Literatursprache verglichen etwa mit dem polemischen Ton des Mittelalters. Obwohl sie die Mächte ihrer Zeit attackierten, gelang ihnen eine Veredelung der rohen Ausdrucksform ihrer Vorläufer, die Waffe Wort verlor ihre Plumpheit, wurde geschliffen, elegant.

Ein einziges Beispiel für die Art, wie vordem literarische Auseinandersetzung ausgesehen hatte, welchen Ton die Autoren des 15. Jahrhunderts untereinander pflegten. Der Humanist Fidelfo antwortet dem Sekretär der Kurie Poggio, es geht um Eifersüchteleien und Posten am Hofe, und der Text wird nicht edler davon, daß er auf lateinisch abgefaßt ist: «Mehr als die Hälfte deiner Zunge, mit der du ehrliche Menschen stichst, sollte man dir, Poggio, abschneiden. Wer war dein Meister in diesem Handwerk, Halunke? Du kannst nur alle im Glanz der Tugend Strahlenden verleumden, auf alles wirfst du dich mit deiner Feder, mit deiner Zunge vermagst du es nicht mehr, sie ist durch Trunk und zügellose Ausschweifung verdickt. Du elender Säufer beschimpfst die Anhänger höheren Lebens, zu jedem Verbrechen bereit, das dir Wahnsinn und Mutwillen eingeben. Dein Maul, Elender, steht sperrangelweit offen...»

Seitenlang in diesem Ton. Aretino war stilistisch ein bedeutender Fortschritt, er äußerte die polemischen Absichten des Tages in der Hochsprache der Renaissance. Diese Verbindung von Direktheit der Aussage und künstlerischer

Hochsprache wurde nicht oft und nicht überall erreicht. Im Deutschen hat es ausgesprochene Essayistik erst spät gegeben, hier verbargen die Literaten, was sie zur Zeit und zum Tag zu sagen hatten, noch lange in unverfänglicheren Kunstformen, Theaterstück, Märchen oder Roman.

Der Essay ist das Unumwundene, die explizite Aussage, der Autor ist beim Wort zu nehmen, was auf deutsch offenbar lange zu gefährlich war. Mitte des neunzehnten Jahrhunderts, fast dreihundert Jahre nach Aretino und den Anfängen der Essayistik in Frankreich, Holland, England, gab es in Deutschland noch keine wirklich freien Autoren, die «Preßfreiheit» wurde erst um diese Zeit erkämpft.

Diese Verspätung ist eine sehr deutsche Angelegenheit, nicht zuletzt, weil das Literaturverständnis der deutschen Schriftsteller selbst dagegen stand. Das direkte Wort galt für erdenschwer, zu wenig «edelmüthig» oder «empfindsam». Goethe sprach sich noch 1831 dezidiert dagegen aus: «Herr von Fritsch... war der einzige, der mit mir gegen den Unfug der Preßfreiheit stimmte; er steht fest, man kann sich an ihn halten, er wird immer auf der Seite des Gesetzlichen sein.»

Überraschenderweise gestand er den Franzosen die Freiheit des Wortes zu, das Verbot schien ihm nur für die Deutschen nötig. Er nennt an anderer Stelle den vermeintlichen Grund: «Die Franzosen haben bisher immer den Ruhm gehabt, die geistreichste Nation zu sein, und sie verdienen es zu bleiben. Wir Deutschen fallen mit unserer Meinung gern gerade heraus und haben es im Indirekten noch nicht sehr weit gebracht.»

Das «Indirekte» schien Goethe die grundlegende Bedingung des Literarischen. Jedenfalls im Deutschen. Er hat in diesem Sinn Jüngere beraten, oft zu ihrem Schaden, und sich mit den Ungehorsamen überworfen, sie zu unterdrükken versucht. Und er hat mit diesem Verdikt Schule gemacht. Als es anderswo längst eine lebendige Publizistik gab, ein öffentliches literarisches Leben und den freien Autor als anerkannte Figur, führten Deutschlands Literaten noch immer ein kümmerliches, gesellschaftlich verachtetes Dasein.

Deutschland ist aus dieser Angst vor dem offenen Wort viel Elend und Schaden entstanden. Man entschlug sich zu lange der literarischen Anregung, ihrer Ideen, ignorierte sie, verbot sie, verfolgte sie polizeilich. Umgeben von Nachbarvölkern, deren schriftliche Sprache ihre Brillanz entfalten konnte, blieb das Deutsche in seinen Ängsten befangen. Mit Trauer haben die großen deutschsprachigen Essayisten nach Westen oder Süden geblickt, Lichtenberg nach England, Heine nach Frankreich oder Nietzsche nach Italien, und die sprachlichen Möglichkeiten der Nachbarvölker unter Seufzern mit der eigenen Unfreiheit verglichen.

Die Wiege der modernen europäischen Publizistik steht in Rom, man kann sie noch sehen und berühren, es ist der «Pasquino», der Torso einer griechischen Plastik in einer Seitenstraße der Piazza Navona. Zu Beginn des 16. Jahrhunderts war er Anschlagsäule anonymer Spottgedichte oder «Pasquille». Hier tat sich der junge Aretino mit seinen ersten Pamphleten hervor. Nachdem er zwei Mordanschläge überlebt hatte und berühmt geworden war, begannen ihn die Mächtigen zu fürchten; der König von Frankreich, Kaiser und Papst schickten ihm goldene Halsketten, nannten ihn ihren «Freund». Er starb 1556 zu Venedig, der intellektuellen Welt Europas ein erstes Beispiel, was die Gewalt des Wortes vermag.

Die oppositionelle Literatur war geboren, jene kontrollierende Instanz, auf die sich unsere Zeit nicht wenig zugute hält. Nicht zu Unrecht. Auch wer die bürgerliche Gesellschaft scharf kritisiert – und es gibt dafür genügend Grund –, muß das zugeben: Er selbst ist ein Beispiel für die erkämpften Freiräume des Literarischen. Die Bürgerzeit hat viel Kultur vernichtet, sie hat der Malerei oder Architektur weitgehend den Garaus gemacht. Die Wut, mit der sie, die millionenfach Produzierende, Vervielfältigende, Verbrauchende, das Einzelstück und Original verfolgt, ist abstoßend und barbarisch. Aber einige positive Posten stehen dagegen, einer von ihnen ist die essayistische Literatur.

Ihre Begünstigung rührt auch daher, daß wir dem Gedanken einer Volksbildung und Volkserziehung anhängen, und die Gesellschaft vom Autor einen Beitrag zum System der Pädagogik und Informationsübermittlung erwartet. Diese Art Autorentum ist ursächlich mit der europäischen Aufklärung verbunden, sie war, vor allem in Frankreich, der erste gesellschaftliche Triumph der Essayistik. Als idealer Schriftsteller galt damals ein Mann wie Baron Holbach, über den sein Zeitgenosse Melchior Grimm in der «Correspondance littéraire, philosophique et critique» schrieb, er sei kaum jemals einem so gelehrten, umfassend tätigen Literaten begegnet: Man verdanke ihm sogar «die schnellen Fortschritte, die seit etwa dreißig Jahren bei uns die Naturgeschichte und Chemie gemacht haben».

Auch Voltaire rühmt sich, die Werke englischer Physiker in seine Muttersprache zu übertragen, beschäftigt sich ernsthaft mit Mathematik, erarbeitet eine «Geschichte der Zeit Ludwigs XIV.» und andere nach unseren Maßstäben unliterarische, eindeutig wissenschaftliche Werke. Die Trennung zwischen Wissenschaft und Schöngeisterei ist erst später entstanden, den Aufklärern galt das Neue, eben Erforschte – auf welchem Gebiet immer – als vorzüglicher literarischer Gegenstand. Diese Essayistik wurde begleitet von der damaligen Form des Romans, dem «Bildungsroman» oder «Erziehungsroman», auch er wollte belehren, war eher verkapptes Kompendium als Belletristik in unserem Sinn.

Die Grenzen zwischen den Genres sind fließend und waren es immer. Bereits der antike Roman diente als Rahmen für philosophische Abhandlungen, psychologische Erörterungen, gelegentlich soziale Kritik. Unter Umständen können Zeitfragen so dringend werden, einen Autor so sehr bedrücken, daß sich der Umweg über Roman, Theaterstück oder Poem nicht mehr lohnt. Unmittelbare Teilnahme wird verlangt, die verkleidenden Formen würden die Direktheit der Anrede stören.

Das Essayistische erweist sich nicht selten als Kern der Sache, überlebt den eigentlichen Anlaß und, wenn es in einer künstlerischen Hülle verborgen war, auch die Hülle. Zweihundert Jahre später heißt es, Rousseau hätte in seinem Roman «Die neue Heloise» dies und jenes über Erziehung, das Verhältnis des Menschen zur Natur und andere theoretische Gedanken geäußert, wir nennen den Text einen Roman, aber erinnern uns nur noch des darin verborgenen essayistischen Gehalts.

Nun ist dieses Erinnern, das Fortleben und -wirken von Texten über Jahrhunderte, eine der einzigartigen, unersetzlichen Leistungen der Literatur.

Der Vorgang des Lesens ist intim wie der des Schreibens, deshalb ist mir nicht bange um die Zukunft des Buches. Kein elektronisches Medium kann diese einzigartige Situation ersetzen, das Alleinsein des Lesers mit den papiernen Seiten, den magischen Lettern, das unerklärliche Hinübergleiten und -springen der Gedanken von dem, der – ebenso allein – jene Zeilen schrieb, zu dem, der sie liest. Ein Zwiegespräch, keine Massenveranstaltung. Während sich der Fernsehzuschauer als Teil einer zeitgleich konsumierenden Masse weiß, ergreift den Leser das unvergeßliche Gefühl seiner Singularität.

Mit «Direktheit der Anrede» habe ich ein Verhältnis zwischen Autor und Leser bezeichnet, das so nur der Essay zustande bringt. Wir beide sind allein, ich kann zum Leser «du» sagen in der Hoffnung, ihn zu bewegen. Handelnde Figur, das «Ich» des Essays bin ich selbst, niemand steht zwischen uns, Sympathie, Antipathie oder noch stärkere Gefühle gelten mir, nicht einer literarischen Figur. Kein Blitzableiter. Weder für den Leser noch für mich.

Hier ist von etwas Einzigartigem die Rede. Die Verteidigung der Literatur ist die Selbstbehauptung des Singulären in einer Gesellschaft, die zur Vermassung neigt. Eine schwere Rolle, die dem Schriftsteller zufällt, ohne daß er wirklich dafür kann. Man lernt auch erst mit den Jahren, damit umzugehen.

Auch meine Art, Essays zu schreiben, ist einzigartig, sie entspringt meinen Erfahrungen mit mir selbst und mit meinen Lesern. Grundlage ist ein Monolog, von dem nachher nicht viel bleibt. Ich gehe täglich spazieren und arbeite dabei, der Text schreibt sich in Gedanken wie von selbst, aber es ist noch nicht der wirkliche, der gültige. Ich achte darauf, daß in der Nähe meiner Wohnung Parks oder Landschaften liegen, in denen ich ungestört laufen kann. Der Text entsteht in einem bewegten Körper, vor dem Hintergrund wechselnder, möglichst natürlicher Bilder.

In diesen Tagen gehe ich in Rom spazieren. Die Trümmer der Kaiserpaläste und Foren erinnern mich an das Tragische unserer Versuche, zusammenzuleben, Gesellschaft zu sein. Im Kolosseum wurden wilde Tiere auf Christen und

Juden gehetzt, ich spüre, was Schmerz ist und wie unzerstörbar die tief in uns wohnende Hoffnung. Zwischen schlanken Säulen richte ich mich unwillkürlich auf, laufe weiter mit erhobenem Kopf. Pinien, Zypressen, Palmen trösten mich durch ihr Überdauern in wilden Jahrhunderten. Zuletzt in diesem, das die Luft verpestet, den Tiber in eine Kloake verwandelt. Manchmal notiere ich etwas auf einen Zettel.

Doch der Hinweis auf meine Spaziergänge ist keine Indiskretion über private Angewohnheiten eines Autors von der Art «Schiller brauchte zum Arbeiten faule Äpfel im Schreibtisch» oder «Balzac trank fünfzig Tassen Kaffee pro Nacht». Sondern darin verbirgt sich das Programm meiner Essayistik: Bewegung. Den Leser bewegende Texte müssen erst mal mich selbst bewegt haben. Und ich will bewegen, das ist meine Absicht, vielleicht meine einzige. Ich will nicht belehren, nicht überzeugen, nicht gefallen oder den Leser für mich gewinnen. All das wäre nur durch ein den Text zerstörendes Entgegenkommen zu erreichen, außerdem Lüge. Denn auch der Leser ist ein einzelner, und diesen einzelnen kenne ich nicht, weiß nicht, welche Belehrung er braucht, was ihm gefällt oder nicht.

Mir schien es immer fragwürdig, mich zum Sprecher von Gruppen, Kollektiven, Parteien zu machen. Fordernde «Wirs» waren mir immer unheimlich. Ich bin das Risiko eingegangen, von mir zu sprechen. Ein Leser, der mich als Person ablehnt, wird mein Buch nicht kaufen, und sollte er es irrtümlich getan haben, kann er es jederzeit weglegen. Den anderen darf ich zumuten, was ich für ein Vorrecht des freien Autors halte: Subjektivität.

Diesen Lesern brauche ich nicht zu erklären, daß sich hinter allen Feststellungen immer mein Ich verbirgt, meine Ängste, Behinderungen, Bedrohungen. Aber formuliert, als hätten sie Gültigkeit über meinen Fall hinaus. Selbsternannte Feinde werfen mir in Briefen vor, meine Essays wären «pauschal», «ungerecht», «sachlich falsch», «unredlich», «übertrieben». Wären «eine ungeheuerliche Deformierung», «ein Zerrbild». Immerhin habe ich sie beunruhigt. Meine Unruhe, Ängste, Bedenken auf sie übertragen. Ihre vehemente Ablehnung ist eine starke Regung. Mir ist gelungen, was ich wollte, ich habe bewegt.

Vorher leiste ich eine Menge Arbeit, von der meine Leser nichts wissen, auch nichts wissen müssen. Ich trage die Spannung, bevor ich sie dem Leser zumute, in mir selber aus. Erlebe das aufreibende Hin und Her von Spruch und Widerspruch, denke und widerdenke, liebe und zweifle, trage Verlangen und Abscheu, wäge meine Worte. Die Worte kommen zu mir auf den langen einsamen Wegen, sie kommen wahllos, wie sie wollen, und nackt, wie sie sind.

Über den Vorgang des Schreibens selbst kann ich nicht viel sagen: Ist das Bild in mir entstanden, setze ich mich irgendwann hin und bin irgendwann fertig. Zwischendurch geschah, wie die russische Dichterin Anna Achmatowa den Vorgang beschrieb, «daß einfach sich diktierte Zeilen legen hin auf mein Blatt, das weiß ist wie der Schnee».

Die Sprache scheint zu galoppieren, der Rhythmus ist atemlos, aber sicher, hat nichts mehr von Bedenklichkeit, Abwägen, Suchen. Ich erkenne an den Texten anderer Schriftsteller, ob sie ähnlich vom Gedanken gedrängt waren wie ich nach meinen bewegten Spaziergängen. Am erstaunlichsten, wenn einem Autor, der seine «Langsamkeit» beim Schreiben immer wieder thematisiert hat, der um das Wort einen Kult trieb und sich mit jedem seiner Bücher jahrelang Zeit ließ, plötzlich dieser schnelle, blanke, ungenierte Stil gelingt.

Etwa dem Romancier Thomas Mann, der im Alter mehr und mehr zum Essayisten wurde, und dessen Stil sich zuspitzte, unerwartet verdichtete, geradezu verjüngte. 1934 schrieb der fast Sechzigjährige im Exil über Hitler und seine Kumpane: «Fort mit Hitler, dem elenden Subjekt, dem hysterischen Betrüger, dem hohlen Monstrum, dem hergelaufenen Hochstapler der Macht... Fort mit ‹General› Göring, diesem putzsüchtigen Henker mit seinen dreihundert Uniformen, der sich prassend und schmatzend im viehischen Genuß der ihm verrückterweise zugefallenen Schwertgewalt wälzt. Fort mit diesem riesenmäuligen Propagandachef der Hölle, Goebbels geheißen, der, ein Krüppel an Leib und Seele, mit unmenschlicher Niedertracht die Lüge zum Alleinherrscher der Welt zu erheben trachtet! Fort mit dem ganzen apokalyptischen Gesindel, dieser Bande von Strolchen...»

Was muß vorgefallen sein, damit ein so bürgerlicher, protestantisch-gemäßigter, um ausgeglichene Sprachkultur bemühter Autor wie Thomas Mann zur wilden Diktion des Pasquills zurückfand? Wie muß er sich um seine Hoffnungen getrogen, um die Früchte jahrelanger Mühen gebracht, von Deutschland enttäuscht gefühlt haben. Aber doch nicht enttäuscht genug, daß die Abwendung ganz erfolgt wäre, daß er sich nicht mehr zuständig gefühlt und geschwiegen hätte.

In Wahrheit enthält gerade ein aggressiver Essay das Signal an den Leser, daß der Autor nicht resigniert hat. Es kann geschehen, daß er in chaotischen Zeiten als einziger Hoffnung und Halt verkörpert, eben, weil er Literat ist und Halt in der Sprache findet. Solange er an die Existenz von Lesern glaubt, und seien es noch so wenige, wird er versuchen, sie daran teilhaben zu lassen. Auch Exil-Literatur ist ein Zeichen von unverdrossener Hoffnung, oft unverdient von dem Land, dem sie gilt, oft ist sie das rettende Weiterleben der literarischen Sprache außerhalb, während drinnen vielleicht Barbarei herrscht, Gewalt, Lüge, Verödung der Sprache.

Die Wahrheit, die der Essayist verteidigt, ist nicht die einer Gesellschaft, sondern die der Sprache – deshalb ist sie härter und dauerhafter. Ich habe, da ich seit Jahren meine Tage mit Lesen und Schreiben verbringe, ein feines Gespür entwickelt, wann Sprache, dieses einzigartige Medium der Kritik, von der Gesellschaft mißachtet wird. Wann der Literat ausgegrenzt und ausgeschlossen wird. Und damit nicht nur ihm, sondern der ganzen Gesellschaft Gefahr droht, weil sie mit ihrer Sprache sich selbst zerstört.

In diesem Augenblick muß ich zu meinen stärksten Mitteln greifen, zu den sofort wirksamen. Mir bleibt nichts anderes übrig, Literaten haben ihre eigene, durch die Jahrhunderte geprüfte Moral. Die Verabredungen der mich umgebenden Gesellschaft mögen sein, wie sie wollen, ich muß an ein Danach, an ein Später denken, an spätere Leser, an das Überliefern, an eine Wahrheit, die den Tag überlebt.

Ich habe den Essay die Waffe des freien Autors genannt, sich zu behaupten. Als Autor bin ich ein Symbol. Was mir geschieht, im Guten wie im Argen, geschieht früher oder später vielen. Wo man Bücher verbrennt, fand Heine, verbrennt man eines Tages auch Menschen. Wo mein Wirken bedroht wird, beginnt die totalitäre Gefahr. Den Status «frei» besitze oder verliere ich gemeinsam mit meinen Lesern.

DER SCHATTEN

EIN GEDICHT ÜBER DEN HUNGER

Die Terrasse scheint über dem Türkisblau des Wassers zu schweben, von drei Seiten sehe ich nichts als Meer. Erste Frühlingssonne. Weiter unten ein paar Agaven und Palmen. Vogelzwitschern, blauer Himmel, eine sanfte Brise.

Das Bild trügt. Eine zähe Übelkeit zerrt an meinen Nerven, eine Schwäche, Unruhe, Depression des Körpers, die ich nicht beschreiben muß, weil sie jeder kennt. Ich bin hungrig. Jeder Mensch auf der Welt versteht diesen Satz, ganz gleich wie alt, wie gebildet, welcher Hautfarbe, Sprache, Religion. Jedes Baby weiß, was Hunger ist. Der Ort, wo unsere Furcht sitzt, unsere Aggression. «Brutto come la fame», sagen die Italiener, wenn sie etwas besonders Abscheuliches meinen: Häßlich wie der Hunger.

Von den Millionen anderen, die heute morgen hungern, unterscheide ich mich darin, daß ich es freiwillig tue. Ein entscheidender Unterschied, dennoch der gleiche Hunger, das gleiche Elend des Körpers. Seit gestern früh habe ich nichts gegessen, und wie immer, wenn ich hungrig zu Bett ging, die letzte Nacht schlecht geschlafen. In solchen Nächten habe ich Alpträume, diesmal war es ein Flugzeugabsturz. Das hohle Gefühl im Körper, das Flattern der Glieder, die sich ausbreitende Nervosität verwandeln sich in Angst. Der Körper ist in Alarmbereitschaft, Adrenalin wird ausgeschüttet, Bilder kommen hoch, irgendwo gespeichert, noch sind es – in der ersten Hungernacht – naheliegende Ängste, naheliegende Bilder.

Nachdem sich die Nervosität gelegt hat, beginnen die angenehmeren Stunden des Fastens. Ich sehe das gekräuselte, sonnenwarme Wasser der Bucht anders als sonst. Der Bambus scheint anders zu rauschen, zu klappern, zu flirren – Minuten vergehen in Gedanken an ein geeignetes Wort. Die Zeit verliert ihren Wert. Der Körper hat begonnen, sich selbst abzuschalten, herunterzufahren, stillzulegen. Mein Atem ist flach, mein Puls niedrig, ich vermeide jede unnötige Bewegung.

Eine trügerische Ruhe. Ich denke an meinen Körper wie an einen Fremden, auch das eine Folge des Hungers. So gesehen, wirkt Hunger wie eine Krankheit: Er spaltet die Einheit von Leib und Seele, das selbstverständliche «Mens sana in corpore sano», das ich gewohnt bin. Er treibt einen Keil in mein Ego, bereitet eine Trennung vor, die, falls ich nicht Einhalt gebiete, irgendwann zur Entscheidung drängt.

Zu einer Entscheidung auf Leben und Tod. Denn ob ich freiwillig faste oder nicht, im Hintergrund lauert etwas sehr Ernsthaftes. Die beginnende Lähmung, der beginnende Verfall. Der Blutzucker sinkt, mein Stoffwechsel ist reduziert. Leises Kribbeln in den Fingerspitzen, in der Handfläche, den Gelenken verrät mir, daß die Durchblutung meiner Glieder zurückgeht. Die Zellen an den äußeren Rändern werden mangelhaft mit Sauerstoff versorgt. Der erste Vorgeschmack des Todes. Ich weiß, ohne in den Spiegel zu sehen, daß ich bleich geworden bin und daß, wenn die erste Unruhe vorüber ist, eine große Müdigkeit folgen wird.

Wäre ich ein Tier, würde ich nicht mehr hier sitzen, wäre längst losgelaufen, unterwegs auf Nahrungssuche. Würde dadurch vom Hunger abgelenkt. Doch ich entscheide anders. Eine seltsame Heiterkeit und Leichtigkeit hat mich erfaßt. Indem die Seele sich abspaltet, ihre Bindung an den – mehr und mehr stillgelegten – Körper verliert, wird sie leichter, freier. Meine Sinne schweifen umher wie ungebunden. Ich bin hellwach.

Es ist eine etwas unheimliche Wachheit, eine Überwachheit, ein überscharfes Sehen, Hören, Fühlen. Meine Gedanken eilen rasch, unbeständig, ein bißchen sinnlos dahin. Halluzinationen stellen sich ein. Minutenlang erlebe ich sehr deutlich den Geschmack von Erdbeertorte, dabei habe ich Erdbeertorte nie gemocht, würde sonst keinen Gedanken an Erdbeertorte verschwenden, jetzt erscheint sie mir begehrenswert, köstlich wie nie. Dann ein gebratener Fasan. Der Geschmack des Fasans, den wir damals gegessen haben. Wann? Deutlich sehe ich das weiße Brustfleisch, erinnere mich, daß es etwas Gläsernes hatte. Das Trugbild verfliegt so rasch, wie es gekommen ist.

Durch das Türkisblau des Wassers, das vor mir steht wie eine gläserne Wand, auf die ich starre, ohne sie zu sehen, schiebt sich langsam ein Boot. Es ist schneeweiß, im Heck sitzt ein einzelner Mensch. Seine Route ist ein seltsames Zickzack.

Erinnerung ist der plötzliche Sprung in der Scheibe
in der Tiefe des Zimmers der umgestürzte Stuhl

Wohin ich mich auch zurückziehe, die Erinnerung ist immer dabei. Verschüttete Wahrheiten, mit denen täglich zu leben, die alltäglich zu ertragen meine Kraft nicht reicht. So unstet mein Denken ist, so flatterhaft die Hungerbilder, ich weiß aus Erfahrung, daß sich gerade dieser Zustand eignet, Erinnerungen zu beschwören. Die beste Art von Erinnerung. Nicht die Gedanken an Verletzungen, Kränkungen, Verluste, nicht der tägliche Staub, der sich auf die Seele legt. Ich werde mich, beflügelt von jener Heiterkeit des ersten Hungertags, an Dinge erinnern, die mir sonst verschlossen sind. Werde mich, leichtfüßig, wie ich heute morgen bin, über zerbrechliche Brücken wagen.

Dachte lange nicht an den Flur mit den Lichtgevierten
der ins Verdämmern führt in Zimmer mit eisernen Betten
die Fenster vergittert die Gitter kunstvoll geschmiedet
im Stil des Hauses mit seinen Pilastern und Erkern

Ein fernes Haus. Jahrelang vergessene Stimmen, Gesichter erscheinen mit bestürzender Deutlichkeit, umringen meinen Liegestuhl, scheinen etwas zu fordern.

Da ich freiwillig hungere, habe ich Zeit und Ort so gewählt, daß mich jetzt niemand stört. Meine Uhr ist die Sonne, die in Richtung Süden wandert. Ich erinnere mich an meine erste Hungerzeit, damals, vor fünfzehn Jahren. Sie war nicht so freiwillig wie diese. Eine Situation, die mein Leben veränderte, nachträglich noch immer erschreckend. Manchmal wird – wir ahnen oder wissen es – von höherer Stelle in unser Leben eingegriffen, wir werden aus der Bahn geworfen, durchgerüttelt, erschüttert. Hinterher geht es weiter, vielleicht besser als vorher, vielleicht war jener Eingriff segensreich, und doch kommen wir kaum darüber hinweg.

Wir sind irdische Wesen, erdenschwer. Doch der Hunger – vierundzwanzig Stunden alt – mindert Schwere und Trägheit, gibt mir etwas Ätherisches, Schwebendes. Die Wahrheit der Erinnerungen scheint mir jetzt tauglicher als die des Tages. Eine wilde Katze kreuzt mein Blickfeld, bleibt stehen, beobachtet mich, nähert sich mir ohne Angst. Ich sitze reglos, eingesponnen in meinen Hunger wie in einen Kokon.

Ich vergaß diese Wege das Rascheln der Blätter
lebte hier unter Abgefüllten von Frauen bewacht
freundlichen Schwestern mit Kindern zu Hause
kein Vergleich zu den Wächtern sonst im Land

Glatte Türen Sofas spiegelten sich in den Fliesen
die Verhöre fanden in stillen Arztzimmern statt
ging auf glühenden Wegen spazieren roten Blättern
es war ein strahlender selten prächtiger Herbst

In die dämmerigen Kammern meiner Erinnerung wirft der
Hunger sein erbarmungsloses, grelles Licht. Keine Zwi-
schentöne, nichts Versöhnliches, Licht und Schatten klar getrennt. Ich war damals von Verrat und Lüge umgeben, von
Gefahren, von Spitzeln. Ich lebte in einem lebensgefährlichen Staat.

In diesem Staat sollte ich zum Militär einberufen werden,
zum Dienst in einer Armee, die ich für verbrecherisch hielt.
Erst heute weiß ich, wie recht ich hatte, die Armee bereitete
sich darauf vor, in Polen einzumarschieren. Die Pläne wurden kürzlich enthüllt, damals konnte ich sie nur ahnen, war
unsicher, traute aber schließlich meiner Ahnung. Der unvermutete Ausbruch von Selbstvertrauen war die erste
Überraschung in einer Kette unberechenbarer Ereignisse.

Ich verweigerte den Wehrdienst in einem Land, das auf
diesen Schritt nur eine Antwort kannte: Zuchthaus. Kurz
vorher war ein junger Mann zu vier Jahren Haft verurteilt
worden; er hatte seine Verweigerung politisch begründet,
was ich sein ließ. Statt dessen besprach ich mit meiner
Freundin, meiner heutigen Frau, was zu tun sei. Ich habe
damals – zweite Erfahrung – gelernt, wie lebenswichtig ein
Partner ist, dem man vertrauen kann. Was ich im folgenden
tat, hätte ich allein nicht überlebt.

Es schien etwas sehr Einfaches zu sein: Ich begann zu hungern. Wir hatten uns überlegt, daß ich einer Einberufung zu dieser Armee nicht folgen konnte, wenn ich dazu körperlich nicht imstande war. Den schlechten körperlichen Zustand mußte ich erst herbeiführen, ich war jung und gesund, nach Ansicht der Musterungskommission bestens zum Militärdienst geeignet. Die ersten Tage waren kein Problem, es ging mir wie heute, ich entdeckte die seltsame seelische Freiheit, die Fasten mit sich bringt, die heitere, halb schwerelose Seite des Hungers. Damals rauchte ich. Immer, wenn der Hunger spürbar wurde, zündete ich mir eine Zigarette an und inhalierte den betäubenden Rauch.

Die Katze hat mich verlassen. Die Sonne ist ein wenig weiter südlich gerückt und läßt das leicht gekräuselte Wasser gleißen. Nun gibt es keinen Zweifel mehr, der Tag wird strahlend schön. Meine Hände sind taub, blaß, wie abgestorben, ich bewege die Finger, bis ich wieder Leben darin spüre. Später mache ich ein paar Schritte zum Geländer der Terrasse.

Das Hungern wurde erst nach einer Woche gefährlich, ich war nicht mehr imstande, meinen gewohnten Beschäftigungen nachzugehen. Spätestens hier hätte ich – wäre ich allein gewesen – aufgeben müssen. Eine Mattigkeit des Körpers, Zerstreutheit der Sinne hinderte mich an der Arbeit, mein Kopf schien blutleer, bar aller Gedanken. Die Kaffeetasse fiel mir aus der Hand. Ich trank viel Kaffee, schwarz, ohne Zucker, um munter zu bleiben. Den Tag verbrachte ich halb dösend, dafür sahen mich die Nächte hellwach. Es wurde unmöglich, allein auf die Straße zu gehen.

Meine Frau brachte mich zu einem Arzt, der mich, da er die Ursache meiner Schwäche nicht erfahren durfte, wegen nervöser Erschöpfung krank schrieb. Meine Schwäche begann mich zu reizen, mich bedrückte, daß ich am Arm geführt wurde wie ein alter Mann. Das Schrecklichste in diesen Tagen war das Gefühl der Kraftlosigkeit, der Ohnmacht. Die Sache hörte auf, Spaß zu sein. Am Ende der zweiten Woche wollte ich aufgeben. Lieber in Polen einmarschieren als diese jämmerliche Schwäche, dieses bleiche Gespenst jeden Morgen im Spiegel, diese zitternden Hände, diese alles ergreifende, alles vernichtende Unfähigkeit.

Wir stehen auf dem Fundament unserer Fähigkeiten, wir sind, wir haben, wir können – es ist selbstverständlich, zweifelhaft allenfalls die Reihenfolge, die Richtung der Konklusion. Sind wir erst, wenn wir haben? Oder weil wir etwas können? Oder haben und können wir, weil wir sind? Cogito ergo sum, fand Descartes, ich denke, also bin ich. Andere Philosophen haben die Priorität anders gesetzt, die materialistischen genau gegenläufig. Solange es uns gibt, werden wir uns darüber nicht einigen.

Aber wenn ich nun so gar nichts kann, bin ich dann noch ein richtiger Mensch? Wenn mir das Einfachste schwerfällt und täglich mehr, aufstehen, mich bücken, die Schuhe zubinden, mir, einem jungen Mann? Wenn mich die Leute anstarren, weil ich wie ein Schwerkranker aussehe? Wenn ich zudem nach außen den Eindruck verwischen muß, am Telefon den Munteren spielen, vor mir selbst den Zuversichtlichen?

Erstens war nicht sicher, wie die Sache ausging. Es gab eine Militärgerichtsbarkeit für jemanden wie mich, das berühmte Gefängnis in Schwedt an der Oder, das man, wie jung auch immer, nur mit schweren Schäden an Leib und Seele verließ. Falls überhaupt. Es gab ein Zentrales Militärlazarett in Bad Saarow, aus dem kaum jemand anders zurückgekehrt war als fürs Leben gezeichnet und psychisch

35

krank. Ich hörte gerüchteweise davon. Später habe ich Opfer getroffen, Berichte und Akten gelesen und meinem Schöpfer dafür gedankt, daß ich mit heiler Haut davongekommen bin.

Zweitens verlor ich, je länger ich hungerte, die Geistesgegenwart und Kaltblütigkeit, die ich bei dem ganzen Unternehmen brauchte. Ich durfte mich nicht ein einziges Mal versprechen. Ich kam in Situationen, wo es auffallen konnte, daß ich hungerte, in andere, wo das Hungern schlicht unmöglich war. Einmal aß ich etwas Hühnerbrühe, weil ich mit der Bahn fahren und die Fahrt ohne Ohnmacht überstehen mußte. Es war in der dritten Woche. Ich fuhr in eine andere Stadt, um mich einem Psychiater anzuvertrauen.

Dieser Schritt war das größte Risiko, das ich einging. Wieder ahnte ich nur, was ich heute weiß: Auch unter den Nervenärzten waren Spitzel. Ich konnte nicht wirklich offen reden. Und wenn dieser Arzt, den ich persönlich kannte, selbst kein Spitzel war, konnte immer noch sein Zimmer, sein Telefon abgehört werden. Ich trug ihm vor, was ich mir zurechtgelegt hatte, die Symptome einer nervösen Magenschwäche, einer psychosomatischen Störung.

Der Arzt hat niemals ein überflüssiges Wort in der Sache verloren, er gab mir nur zu verstehen, daß er begriff, warum ich zu ihm kam. Er wußte, ich konnte es allein nicht schaffen. Ich brauchte einen Ort, wo ich hungern konnte. Ein Hungernder ist ohne Gewicht, wie aus Pappe. Jeder kann ihn beiseite schieben, umwerfen, verletzen. Es mußte eine Sicherung dasein, falls es zu Zwischenfällen kam. «Ich überweise Sie in eine psychiatrische Klinik», sagte er, ungerührt von dem Entsetzen, das er in meinen Augen sah. «Sie haben gar keine andere Wahl.»

In der Klinik hungerte ich weiter, sechs Wochen lang, bis

ich 17 Kilo Körpergewicht verloren hatte, wie ein Schatten aussah, kaum noch fähig zu laufen. Auch hier waren Spitzel, unter den Ärzten, Krankenschwestern, Patienten, ich sprach wochenlang nur das Nötigste. Der Hunger zeigte mir seine Wirkungen, seine schillernden, verlockenden, rauschhaften, zugleich seine grausigen Seiten. Das klare Denken setzte tageweise aus, ohne daß ich es vermißte. Für Stunden versank ich in Dämmer, zu anderen Zeiten erfaßte mich Panik: Ich wollte essen und leben.

Mit Staunen sah ich, wie sich mein Gesicht zu einer winzigen, starren Maske zusammenzog. Ich wußte, das war noch nicht der Tod. Den Tod selbst müßten sie, da sie schließlich Ärzte waren, von mir abwenden. Das hier waren Zustände auf dem Weg dorthin, Zustände, die ich nie vergessen würde.

Erinnerung ist der plötzliche Sprung in der Scheibe
in der Tiefe des Zimmers der umgestürzte Stuhl
Treppen abwärts und Rufe von Rollstuhlfahrern
oft in Träumen gehört ohne zu wissen woher

In den Nächten war an Schlaf nicht zu denken, bei Tag vermied ich es zu sitzen und lief umher wie ein gefangenes Tier. Offenbar habe ich gefürchtet, eines Tages nicht mehr aufstehen zu können. Falls die Bewußtlosigkeit kam, sollte sie mich stehend überraschen. Das Geräusch meiner Schritte auf den Fliesen des Korridors begleitete mich Stunde um Stunde. Ich versank darin wie im Takt eines Metronoms, lebte in einer Welt alltäglicher Dämmerzustände.

Letztes Flackern der schräge Einfall von Licht
in den Schlaf letzte Störung von Ruhe und Wachen
Nummern in Nachthemden stellen sich ein erlöschen...

Ich fand heimliche Sympathisanten unter den Mitpatienten, den Krankenschwestern. Auch unter den Ärzten, die nicht viel mit jenem Staat im Sinn hatten. Sie überzeugten die zuständigen militärischen Stellen, daß ich tatsächlich krank sein müsse, psychisch krank, für die Armee nicht geeignet. Eine andere Erklärung war nicht denkbar. Hätte ich mir sonst derartige Torturen zugemutet, wochenlanges Hungern, freiwillig, ohne äußeren Zwang?

Ich wurde ausgemustert und nach Hause entlassen, es war höchste Zeit. Nachdem ich mich wieder ans Essen gewöhnt hatte und klar zu denken begann, wurde mir bewußt, wie gefährlich das Unternehmen gewesen war. Bis ich mich wieder gesund fühlte, vergingen Wochen.

An das erste, was ich aß, erinnere ich mich bis heute: Es war ein Brötchen. Ein rundes, helles, ganz gewöhnliches Brötchen, genau das, was die Berliner Schrippe nennen. Nie wieder hat mir etwas so köstlich geschmeckt. Ich aß schweigend, allein in einer Ecke des Zimmers, versuchte, langsam zu kauen, zu schlucken. Ich aß gleich noch ein zweites. Ein Satz ging mir durch den Kopf, den ich in einer alten Chronik gelesen hatte: «Gegen Mittag genossen wir etwas Brot.»

Wo alles erreichbar ist, verlieren die Dinge ihren Wert. Wir kochen raffiniert wie die Meisterköche des Sonnenkönigs, lassen täglich nach Austern fischen wie der sagenhafte Verschwender Vitellius, haben Lukull und den Feinschmecker Apicius überboten und sind dennoch enttäuscht. Ich konnte jenes erste Brötchen nach wochenlangem Hunger nie vergessen. Unbeschreiblich, wie es schmeckte. Ich konnte nicht vergessen, wie schrecklich heilsam Hunger ist.

Verlust birgt Gewinn. In den sechs Wochen, an die ich mich erinnere, habe ich einiges verloren, Zeit, Gesundheit, meinen Schlaf. Dafür unendlich viel gewonnen: Ich wurde nicht Soldat einer Armee, die in Polen einmarschieren sollte, ich entschied mich gegen das, was um mich herum eine verirrte Mehrheit tat, ich lernte, mich gegen diese Mehrheit zu stellen, gegen ihr Ansinnen zu behaupten.

Damals habe ich begriffen, daß unangefochtene Sattheit stumpfsinnig macht. Tödlich werden kann wie zu langes Hungern. Heute will ich hungern, aus freiem Entschluß. Es ist eine Prozedur, die ich mir hin und wieder zumute, aus allen möglichen Gründen, zuerst, um nicht zu vergessen.

Mit matter Hand auf Zettel notiert. Die Schrift fällt ab, wieder schlenkere ich die Hand, um die blutleeren Finger zu beleben:

Ich wurde als unheilbar entlassen die Akte
verzeichnet getreu meinen Tod für das große Archiv
das Haus steht noch mit seinen Türmen und Zinnen
dahinter lag ohne daß wir es wußten der Fluß

So sterben nur einmal die Häuser und Mauern
die kein Glanz mehr erhellt unbegreiflicher Schlag
und nur einmal besuchen wir diese Korridore und Höfe
das geschieht uns nur einmal steh auf es ist Tag

Jetzt, wo die Sonne sinkt, wird mir klar, wie lange ich hier sitze. Vergangenheit kann überwältigen, erdrücken, töten. Wie unendlich schwer, mit ihr zu leben. Von den Kuppeln der Berge fallen violette Schatten schräg ins Tal, unvermutete Kühle, neue Gefahr.

Die Träume mögen sein, wie sie wollen, entscheidend ist das Erwachen. Mich weckt kein Straßenlärm, keine elektronische Uhr, sondern einfallendes Licht. Über den Hügeln jenseits der Via Flacca taucht die Sonne auf. Das Meer unter meinem Balkon ist seltsam still, kaum Wellengang. Augenöffnen, Aufstehen, Schritte über weißgetünchte Treppen.

In der Bar die Gemüsehändlerin, der Busfahrer, ich stelle mich für ein paar Augenblicke dazu, trinke meinen Kaffee, sehe den kleinen Hafen, die Fischerboote. Sieben Uhr morgens, alles wie jeden Tag, mein hiesiges Erwachen.

Zwischen weißen Häusern, blühenden Kakteen, Palmen, Agaven scheint jedes Nachdenken über Deutschland müßig. Von hier aus ein ferner nördlicher Ort, heidnisch, wildbewegt. Ich weiß, daß ich dort geboren wurde, Briefe erreichen mich, ich telefoniere. Seit zwei Jahren lebe ich im Ausland, mit wechselndem Wohnsitz, wenig Gepäck. Die Bilder Deutschlands sehe ich nur im Traum.

Es ist nicht die einzige Verbindung. Wohin ich komme, finde ich die bekannten Spuren. Das kleine Fischerdorf schien den Deutschen im letzten Weltkrieg strategisch bedeutsam. Sie verminten den Strand, die antiken Ruinen, sie verlegten die Minen auf die bekannte gründliche Art. Jahre hat es gedauert, die Umgebung von dieser Hinterlassenschaft zu befreien. Die Einwohner mußten in die Berge fliehen und sich neun Monate lang von wilden Beeren und Bohnen ernähren, um sich der geplanten Endlösung, hier Evakuierung genannt, zu entziehen.

Das klingt lustiger, als es war, 160 Menschen sind verhungert oder an Mangelkrankheiten gestorben. Zum Schluß haben die schlechten Verlierer noch einen Teil der mittelalterlichen Siedlung gesprengt, als bleibende Erinnerung. Ich kann, ob ich will oder nicht, Deutschland auch hier nicht vergessen.

Ein übriges tun die deutschen Touristen. Sie sind weltweit verstreut, laut, manchmal gutartig, vor allem die jüngeren. Ich war noch an keinem Ort, wo sie mir nicht früher oder später begegnet wären. Sie stehen in den Kirchen Roms, auf den Hügeln Jerusalems, den Inseln St. Petersburgs, stumm aneinandergedrängt, ohne Staunen in den Augen. Bei ihrem Anblick habe ich nie ganz verstanden, warum sie überhaupt reisen. Zu Hause halten sie es offenbar nicht aus.

Heute gibt es viele Wege, sich aus Deutschland in die Welt aufzumachen, auf friedliche Art. Westeuropa ist neuzeitlich durchstrukturiert, man kann einfach im Auto losfahren, übers Wochenende nach Paris, eine Woche nach Norwegen. In einem kleinen Hotel wohnen, unter freundlichen Leuten. An einem See mitten im Wald ein Häuschen mieten, in einem Wald, der noch einer ist.

Die Reisen stellen oft den Versuch dar, sehr nachdrücklich das Deutsche hinter sich zu lassen und ganz ins Fremde einzutauchen. Ich mußte einfach mal raus, sagt die alternative Lehrerin zu ihrer Freundin, wenn sie wieder zurück ist in Paderborn, neuerdings auch in Pasewalk. Sie hat nichts wirklich Abenteuerliches erlebt, auch wenn sie hinterher von «Papagalli» und «Anmache» erzählt. Ein bißchen auf der Piazza gesessen, Hunde, Mopeds, schreiende Kinder um sich, bei deren Anblick sie gelächelt hat, ohne es zu wissen, anders als beim Anblick ihrer Schüler daheim.

Ich sehe nicht aus wie ein Deutscher, in Deutschland hat mir das mehr und mehr geschadet, im Ausland führt es zu märchenhaften Situationen. Wie oft habe ich von dem kleinen Mädchen gelesen, das plötzlich die Tiersprache verstand und erfuhr, worüber die Bienen, Hasen, Schlangen reden. Mir geht es so mit den Deutschen: ungeniert sprechen sie in meiner Gegenwart, offenherzig, ohne die Stimme zu dämpfen, überzeugt davon, daß ich ein Ausländer bin, der sie nicht versteht.

Manchmal gebe ich mich zu erkennen. In Rom, am hellen Vormittag, in einer der belebtesten Straßen der Innenstadt, stürzte vor meinen Augen eine deutsche Touristin, lag unter Wehklagen auf dem Pflaster, griff ins Leere. Ich wollte ihr helfen, lief auf sie zu, vergaß, wie ich aussehe. Die Gestürzte hatte in deutschen Rom-Büchern gelesen, von Handtaschenräubern, Mafia, täglichem Mord, sie starrte mir entgegen mit Augen voller Entsetzen. Das Deutsch, in dem ich ihr meine Hilfe anbot, war akzentfrei, die Worte alltäglich, vielleicht zu freundlich. Die Frau umklammerte ihre Handtasche, mein Deutsch klang in ihren Ohren ungewohnt, verdächtig.

Im Ausland – ziemlich beliebig, wo – habe ich gesehen, wieviel glücklicher andere Völker sind. Manche Länder werden von Katastrophen, Kriegen, Hungersnöten heimgesucht, es wäre unfair, Deutschland mit ihnen zu vergleichen. Aber für eine reiche, in Frieden lebende Nation sind die Deutschen bemerkenswert übellaunig. Weder das viele Geld, das nach dem Zweiten Weltkrieg über ihrem Land ausgeschüttet wurde, noch das «Wirtschaftswunder» oder die späte Vereinigung haben sie aufmuntern können. Das Grämliche, Verdrießliche, Mißgünstige ist vorherrschende Mentalität geblieben. Eine ungeheuerliche Rolle spielt der Neid.

Hinter all dem Argumentativen, das Ost- und Westdeutsche täglich gegeneinander ins Feld führen, verbirgt sich die einfache, beschämende Wahrheit, daß die einzelnen Gruppen dieses Volkes nicht imstande sind, miteinander in Frieden zu leben. Im großen Maßstab nicht und nicht im kleinen, alltäglichen. Wer jemals Italiener, Juden, Holländer miteinander umgehen sah, kennt den Unterschied. Um es einfach zu sagen, inspiriert vom Augenschein: Deutsche lieben einander nicht.

Jedenfalls nicht genug, um diese anspruchsvolle, schwerbeladene Nation von innen zusammenzuhalten. Das Verbindende wird öffentlich deklariert, ist aber nicht wirklich vorhanden, nicht im Verhältnis der einzelnen zueinander, nicht in den intimen Strukturen, aus denen eine Gesellschaft besteht.

Wenn die europäischen Nationen auf Krisenzeiten zusteuern, muß Deutschland besonders hart getroffen sein. Anderswo fängt die Struktur Familie vieles auf, zum Beispiel Arbeitslosigkeit. In Italien werden die sozial schwachen, alten, kranken Verwandten irgendwie mitversorgt, in Deutschland wird diese Versorgung vom Staat erwartet. Aber den Staat gibt es nicht und kann es nicht geben, der in Notzeiten alle und jeden sichert. In Deutschland soll er Ersatz für die nationalen Mängel sein, er ist aufgebläht, angeschlagen. Gib!, ruft man ihm von allen Seiten zu. Täglich mehr verheimlichen die Politiker den wahren Zustand der Kassen.

Ich treffe im Ausland jederzeit Deutsche, die mit anderen Deutschen nichts zu tun haben wollen. Das Schlimmste ist: Ich kann sie verstehen. Auch ich wechsle beim Anblick von Reisegruppen in Trachtenjacken und Gamsbart-Hütchen die Straßenseite, falls es sich nicht um Japaner handelt. Die Vorstellung, von ihnen angesprochen, in eine fatale Gemeinsamkeit einbezogen zu werden, ist alptraumhaft. Wie fast jeder in Deutschland Aufgewachsene schleppe ich ein Bündel niederschmetternde Erfahrungen, Ablehnungen, Ausgrenzungsriten mit mir herum.

Was soll ich tun, wenn diese Nation in unverträgliche Gruppen zerfallen ist? Ich richte mich weniger danach als andere, habe zum Beispiel das zwanghafte Muster «Links-Rechts» nie eingehalten. Zu meinem Schaden. Jede Fraktion verlangt ein Minimum an Parteidisziplin, die Figur des Einzelgängers ist allen gleichermaßen unerträglich. Im Ausland kann ich mir den Luxus Einsamkeit am ehesten leisten. Viele Deutsche, die ich an fernen Plätzen treffe, sind vor dem einnehmenden Wesen heimatlicher Gemeinschaften dorthin geflohen.

Daß mich reisende Deutsche nicht für ihren Landsmann halten, hat einen Vorteil: Ich bleibe für mich und erfahre trotzdem, was sie insgeheim über den fremden Ort denken. In Jerusalem, auf dem Platz vor der Klagemauer, setzte sich ein deutsches Paar auf die Stühle neben meinem. An der Klagemauer wird mit Rücksicht auf orthodoxe Juden getrennt gebetet, rechts Frauen, links Männer, dazwischen ein Gatter. Für die Frau neben mir ein empörender Zustand. Sie war emanzipiert, fortschrittlich, belesen in neuester Frauenliteratur, geübt, ihre Ansichten vorzutragen. Ein rascher Blick überzeugte sie, neben einem Israeli zu sitzen, der nicht verstehen würde, und schon analysierte sie ihrem Begleiter, wie reaktionär dieses Gatter sei, der Staat, der es dulde, das religiöse Judentum überhaupt.

Dem Redestrom mußte ein Ende gemacht werden, am sichersten durch meine Enttarnung. Eben erklärte sie: Ich habe Lust, zu provozieren. Man müßte sich einfach neben diese Orthodoxen stellen, als Frau. Ich warf ein, in bestem

Alltagsdeutsch: Dann machen Sie's doch. Möchte gern sehen, was passiert. Indem ich es sagte, stand ich auf, um zu gehen. Die Wirkung war ungeheuer. Der Mann begann schadenfroh zu lachen, die Frau verstummte wie ertappt. Was für eine seltsame Nation: Sie tun etwas, geben sich im Augenblick der Tat wahnsinnig engagiert, und hinterher stehen sie niemals dafür ein.

Man kann es einfach feige nennen. Ich füge hinzu, daß ich diese Eigenschaft, neben dem Neid, für eine der vorherrschenden des kollektiven Charakters der Deutschen halte. Beide haben etwas Sinnloses und Selbstzerstörerisches. Ich kenne die DDR, die alte und neue Bundesrepublik, habe an Ort und Stelle die verschiedenen Wandlungen miterlebt: am Ende tauchten aus allen Turbulenzen Neid und Feigheit wie zwei siegreiche, alles überdauernde Plagen auf.

«Kollektiver Charakter» – ein Begriff, den ich vermeiden würde, hätte ich nicht eine seltsame Beobachtung gemacht. Ein einzelner Deutscher ist ein völlig anderes Wesen als derselbe Deutsche, sobald er einer Gruppe angehört. Im Ausland treffe ich sie oft einzeln, erlebe sie als bemüht, nach Kräften aufgeschlossen und umgänglich. Sobald sie das «Wir» eines Kollektivs hinter sich spüren, verwandeln sie sich, werden großsprecherisch, rechthaberisch, aggressiv. Der «häßliche Deutsche» ist ein kollektives Wesen.

Übrigens kann das «Wir» eine Konserve sein. Eine deutsche Bekannte, die seit Jahren in Italien lebt, verwandelt sich allwöchentlich nach der Lektüre eines Hamburger Nachrichtenmagazins. Aus den Texten saugt sie das alte Kollektivgefühl, die Häme, Alleswisserei, Denunziersucht, für die dieses Blatt berühmt ist, und anschließend ist tagelang mit ihr kein Auskommen.

Wenn es aber nicht Feigheit ist, entsteht die Verleugnung

der eigenen Tat, der eben als tiefste Überzeugung beschworenen Ansicht aus dem chronischen Schuldgefühl von Rückfalltätern oder Süchtigen. Sie tun etwas wider besseres Wissen. Die Frau in Jerusalem hätte fraglos zugestimmt, Ignoranz, Intoleranz, Besserwisserei unselige deutsche Eigenschaften zu nennen, sie schien eine «Linke» zu sein, vertraut mit allen Aspekten deutscher Schuld von gestern und vorgestern. Sie wird sich selbst bei ihrem Gerede unwohl gefühlt haben, sonst wäre sie nicht, bloß weil der Fremde deutsch verstand, schuldbewußt verstummt.

Die Schuldgefühle erwachsen aus der verdrängten Ahnung, daß in der Tabuisierung der gestern gescheiterten Haltung bereits der Keim des nächsten Scheiterns liegt. Das totale Kontradiktum einer Fehlhaltung ist schon die nächste. So wurden westdeutsche Intellektuelle, um ihre Nazi-Väter radikal zu überwinden, zu Kollaborateuren des Sozialismus à la Honecker. So werden heute viele, die diesen Sozialismus zu Recht abgelehnt haben, zu Anhängern eines neudeutschen Nationalismus.

Bei vielen, vor allem jüngeren Deutschen, die ich im Ausland treffe, erstaunt mich der traumverlorene Ausdruck, den ihr Gesicht annimmt, sobald sie sich unbeobachtet fühlen, unbeobachtet von anderen Deutschen. Mich halten sie nicht dafür, daher verbergen sie sich nicht hinter grimmigen und gravitätischen Mienen. Oft ist, was sich in ihren Gesichtern spiegelt, eine Art Glück, das sie zu Hause nie erleben. Sie geben sich dem für ein paar Tage hin, lassen den Panzer fallen, lockern die Seelen. Leider oft ohne nachhaltige Wirkung. Ein Mechanismus, tief eingepflanzt durch Erziehung und noch Älteres, übersetzt das Erlebte in schlechte Worte, in die Welt der deutschen Begriffe.

Aus «ich» wird «man», aus flüchtigen, sinnlichen Bildern

plumpe und feste Theorien. Es genügt nicht, an dem Ort gewesen zu sein, vorübergehend gut Freund mit seinen Einwohnern, Kenner seiner Küche, es muß all dies in Formeln gefaßt werden, ins eigene «Weltbild» eingeordnet, zu fester Voreingenommenheit komprimiert – erst nachträglich beginnt die tiefe deutsche Gedankenarbeit. Als sollte durch sie die ganze Reise gerechtfertigt werden. Sich bloß amüsiert zu haben am fernen Ort wäre unmoralisch, es muß etwas Bleibendes, Bedeutendes dabei entstanden sein.

Ehe ich irgendwo hinreise, werde ich mit Ratschlägen von deutschen Freunden überschüttet, die schon dagewesen sind. Auch Deutsche, die am Ziel meiner Reise leben, besitzen oft einen festgefügten Verhaltenskodex, den sie vermitteln müssen. Neben denen, die andere Völker belehren wollen, gibt es als Pendant die ewigen Schüler, ihre Anpassung an den fremden Ort ist perfekter als die der Eingeborenen. An der Adria-Küste mußte ich mir Vorhaltungen anhören, weil ich zur falschen Tageszeit Wein oder Kaffee trank, nicht von einem Einwohner, sondern von einem deutschen Freund. Ich kann die Orte nicht mehr aufzählen, an denen ich mich einer Erziehungsarbeit ausgesetzt sah, vor der ich vergeblich hatte davonreisen wollen.

Im allgemeinen fand ich die Zuhörer deutscher Belehrung im Ausland sehr geduldig, geduldiger als mich, der ich durch Vorerlebnisse in drei deutschen Staaten geschädigt bin. Überhaupt scheinen die Deutschen großen Kredit zu haben. Sogar, als in Deutschland wieder Fremde erschlagen, Nazi-Lieder gegrölt, jüdische Friedhöfe demoliert wurden, traf ich überall Fürsprecher, Verehrer der vereinigten Bundesrepublik bis zur offenen Germanophilie.

Das Land ist groß und mächtig, riesenhaft ragt sein Schattenriß am Horizont. Die steinigen Berge jenseits der

Via Flacca erinnern mich jeden Morgen daran, in der Dämmerung wirken sie schroff, kalt, manchmal monströs, und gehören doch zum Bild. Ich lese und höre, was Außenstehende darüber denken, beobachte ihr Hoffen und Befremden, teile ihre Besorgnis.

Mein ferner Alltag wird unterbrochen von Reisen ins Land meiner Sprache, Freunde, Erinnerungen. Ins Land der alten Geschichten. Jedesmal fahre ich los voller Spannung. Werde ich mich freuen, ärgern, überhaupt noch angesprochen fühlen? Wird mich, was ich dort erlebe, immer noch provozieren? Genug, um darüber zu schreiben?

Im Vorortzug durch südliche Sonne, bis die Aquädukte ihre Schatten werfen, die säulengeschmückte Porta, die Stadt mit ihrem ungewohnten Lärm. Auf dem Flughafen frage ich die Lufthansa-Angestellte mit dem blonden Zopf: «Posso parlare tedesco?» «Bitte», erwidert sie, «wenn Sie wollen...»

Auf meinem Ticket ist ein anderer Rückflug gebucht als geplant, ich sehe Terminprobleme voraus, schimpfe ein bißchen, Worte des Ärgers kommen mir über die Lippen wie nur einem Muttersprachler. Die Lufthansa-Angestellte ist zu höflich oder zu weltgewandt, um mir die Frage zu stellen, die mir Deutsche im Ausland oft stellen: «Woher sprechen Sie so gut deutsch?» Neben uns ungeduldiges Gehuste, ein dicker junger Mann klopft mit seiner Vielflieger-Karte auf die Theke. Am Gate bin ich einen Augenblick verblüfft, daß alle Menschen um mich herum deutsch sprechen.

Nur nicht zu rasch, zu unvermittelt eintauchen. Gemischte Zeitungen, «Herald Tribune», «Neue Zürcher», «Corriere della Sera», «Frankfurter Allgemeine». In der «Neuen Zürcher» wundert sich ein Berlin-Reisender über das «stillschweigende Schlampigkeitsgebot der Deutschen», über ihre Art, sich zu kleiden, «möglichst teuer, möglichst schrecklich». Ich sehe mich im Flugzeug um: lumpenartige, die Geschlechter verwischende Kreationen, Hängendes, Unförmiges. Drückt sich in Kleidung ein heimlicher Wille aus? In der «Frankfurter Allgemeinen» lese ich von einer immer stärkeren Sehnsucht der Deutschen nach «Normalität».

Seit längerem weht es in meine Ferne die Reden vom «aus dem Schatten treten», vom «Ende der Nachkriegszeit». Ein deutscher Professor spricht wieder vom «Mythos Nation». Aus Leserbriefen der «Frankfurter Allgemeinen» erfahre ich, «daß wir von Ost und West, von Amerika wie Dritte-Welt-Ländern aufgerufen werden, alte Selbsthemmnisse über Bord zu werfen...»

Weiterhin die Zuschrift eines Akademikers aus Bonn, der anhand von «präzisen Darstellungen in der Fachliteratur» belegt, daß Hitler nichts Böses im Sinn hatte, als er 1936 dem amerikanischen Olympiasieger Jesse Owens, einem Farbigen, nicht die Hand gab. Ein belangloser Vorfall, erst von «den anderen» aufgebauscht: «Der rasche Protest des IOC... trug so indirekt zum außerordentlichen Propagandaerfolg der Spiele bei.»

Über die Logik dieser Briefe nachzusinnen bleibt mir keine Zeit, ich muß, ehe ich meinen Fuß auf deutschen Boden setze, einen ungefähren Überblick über die Stimmung gewinnen. Über die Fragen, mit denen sich die Leser deutscher Zeitungen beschäftigen. «Hierzu möchte ich als früherer Marineoffizier Stellung nehmen.» Das Schreiben gilt einem 1940 von den Deutschen versenkten englischen Passagierschiff, der Marineoffizier muß «zunächst richtigstellen», daß der Engländer bloß ein «ziemlich alter Frachter» war. In dem Artikel, auf den er sich bezieht, wurde der deutsche Hilfskreuzer, der das englische Schiff versenkte, offenbar als «Freibeuter» bezeichnet, als eine Art Piratenschiff. Der frühere Marineoffizier ist empört. Die deutschen Hilfskreuzer hätten einen fairen Krieg geführt. «Schon diese Tatsache verbietet den Begriff Freibeuter, wenn man von den Hilfskreuzern spricht.»

«Wir überfliegen jetzt Mailand», meldet der Kapitän,

und ich weiß, daß gleich die Alpen kommen, an denen meist wäßrige Wolken hängen, wenig später die Landung in München. Neben den fünf Leserbriefen dieses Tages, die Deutschland als Opfer von «Legenden» sehen, wie der Akademiker aus Bonn formuliert, ein einziger mit anderer Tendenz. Er stammt von einem Mann mit ungarischem Namen und gilt, wie fast alle diese Briefe, der NS-Zeit.

«Die Judengesetze in Ungarn», schreibt er, «waren Folge des massiven politischen Drucks des nationalsozialistischen Deutschland, und die Deportation der jüdischen Bevölkerung erfolgte erst 1944, als die deutsche Wehrmacht mit Gewalt Ungarn besetzte...» Ja, denke ich, so war es auch in Italien. Überall in Europa hat man Hitlers Judengesetze mit Gewalt durchsetzen müssen, ob es sich um «verbündete Staaten» handelte oder um besetzte, und oft wurden sie dennoch unterlaufen. Da hilft alles nichts, da könnt ihr von «Legenden» reden, so viel ihr wollt: Auschwitz ist deutsche Arbeit, ganz und gar deutsch, keine Mittäter, niemand, auf den ihr die Verantwortung schieben könnt.

Der Münchner Flughafen gleißt und glänzt, technisch perfekt, taghell erleuchtet, voller Betrieb. Es ist Abend geworden, vielleicht kalt, ich gleite auf Förderbändern durch beheizte, strahlende Hallen, so wird es weitergehen, Flugzeuge, Taxen, Zubringerzüge, glitzernde Röhren, klimatisierte Räume, Lesungen, Gespräche, Rundfunkaufnahmen, weiter, nächste Stadt, drei Wochen lang.

Rolltreppen führen abwärts zur S-Bahn, kaum nehme ich wahr, daß ich den Flughafen verlasse. Der Zug fährt an, schießt durch eine Landschaft, verstreute Lichter in der Dunkelheit, Namen von Stationen tauchen auf und verschwinden. Ich soll Franziskanerstraße aussteigen, hat der Veranstalter am Telefon gesagt, besser, den Zubringerzug zu nehmen als ein Taxi, vor allem schneller. Im Zug sind ein paar Leute, die ich aus dem Flugzeug in Erinnerung habe. Braungebrannt, immer noch mit traumverlorenen Gesichtern, in denen allmählich, von Station zu Station, etwas Härteres aufscheint, etwas Kämpferisches, zugleich Resigniertes. Als würden sie altern.

Franziskanerstraße, fast hätte ich die Haltestelle übersehen. Eilig verlasse ich den Wagen. Beim Aussteigen berühre ich versehentlich ein fremdes Bein mit meinem Kleidersack, murmle eine Entschuldigung, vielleicht auf italienisch, ich achte nicht darauf, gehe weiter. Höre hinter mir laute Stimmen. Jemand holt mich ein, steht mir gegenüber, ein junger Mann, nicht einer, gleich drei, fünf. Ich verstehe mühsam, was sie wollen, sie sind betrunken, glotzen mich an aus roten Augen. «Kannst net deutsch reden!» brüllt der erste. «Kannst di net entschuldigen!» – «Habt wohl kein Wort dafür, wo du daherkommst!»

Ich gehe weiter, sie folgen mir. Sind äußerlich nicht gezeichnet, als gefährlich erkennbar, keine Nazis wie auf Zeitungsfotos, keine Springerstiefel, schwarzen Jacken, Hakenkreuze. Vielleicht Kurzhaarfrisuren, einer oder zwei mit geschorenen Köpfen, auch zwei Mädchen dabei. Sie folgen mir auf die Rolltreppe, ich bin allein mit ihnen, von ihnen umringt.

Die Leute auf dem S-Bahnhof, gutbürgerliches Publikum, haben sich wie auf Kommando zur anderen Seite umgedreht, auch die, mit denen ich eben im selben Flugzeug saß. Aufwärts schnurrt die Rolltreppe, ich trage meinen Kleidersack mit dem Anhänger der Alitalia, vor mir zwei, hinter mir drei, Biergeruch, unentwegt das Gebrüll. Sie schaukeln sich hoch, denke ich, sie bringen sich in Fahrt. «...wo du daherkommst... Kanake... Kannst net reden!»

Doch, ich kann. Sogar muttersprachlich, ihr werdet staunen. Obwohl mir dämmert, daß die Situation gefährlich ist, spüre ich nichts anderes als Wut. Ich wundere mich später selbst darüber. Das wäre noch schöner, wenn du dir von diesen Rotzjungen dämlich kommen läßt, du bist schon ein bißchen länger auf der Welt, auch länger in Deutschland, bist Gast der Stadt München, morgen wirst du in einem Theater aus deinen Büchern lesen... Sache eines Augenblicks. Ich nehme die Sonnenbrille ab, sehe dem Anführer in die Augen, sage mit einer Stimme, heiser vor Groll: «Macht keinen Mist, Jungs.»

Sie schweigen verblüfft. Wir fahren weiter, die Rolltreppe nähert sich ihrem Ende, einem Zwischengeschoß oder Tunnel, menschenleer. Ich sehe den Anführer an und sage: «Ihr wißt doch gar nicht, wer ich bin.»

Er scheint unsicher. Sein Gesicht ist bleich, die Augen rotumrändert. Hinter ihm ein Gedrungener, Kahlgeschorener. Eins der Mädchen quengelt: «Laß doch. Wer weiß, was des für einer is...» Der Anführer versucht es mit einem starren Blick, der Blick fällt in sich zusammen, im Gesicht erscheint ein blödes Grinsen.

Ich dränge mich zwischen ihnen durch, widerwillig gehen sie auseinander, durch den leeren Tunnel hallt ihr Geschimpf, ganz wortlos wollen sie mich nicht ziehen lassen. Oben Geschäfte, erleuchtete Restaurants, Spaziergänger. Ein paar Schritte weiter mein Hotel. Im Zimmer trinke ich ein Glas Sekt auf die glückliche Ankunft in Deutschland. Aus dem Fernsehen erfahre ich, daß Berlin bei der Olympia-Abstimmung durchgefallen ist, daß Korea den Auftrag für eine Schnellbahn nicht nach Deutschland, sondern nach Frankreich vergeben hat. Über die Gründe werden in mehreren Talk-Runden Theorien geäußert, einige Diskutanten sind der Meinung, Deutschland werde vom Ausland ungerecht behandelt. Erst nachträglich frage ich mich: Was, wenn ich mit Akzent gesprochen hätte? Wenn ich wirklich Ausländer wäre?

Am dritten Tag bin ich auf dem Weg nach Berlin, im InterCity-Express. Nachmittag, sanfte Sonne, später ebenso sanfte Dämmerung. Wunderbar ruhige Fahrt durch eine süddeutsche Landschaft, die intakt wirkt, ein wenig schläfrig. Straßen und Dörfer sind sauberer als in Italien. Irgendwo fegt eine Frau gelbe Blätter in ihrem Vorgarten zusammen. Auf Bahnhöfen, in vorübersausenden Parks, im Intercity-Expreß auffallend viele alte Leute, teuer gekleidet, offenbar zu ihrem Vergnügen unterwegs. Mit rosigen Gesichtern, die nach guten Renten, guten Versicherungen aussehen, dennoch verdrossen. Auffallend viele Betrunkene. In Ulm auf dem Nachbargleis ein «Ameropa-Tanzzug», direkt vor meinem Fenster der «Gesellschaftswagen» voll torkelnder, grölender Menschen.

«Na klar», lese ich in der Bild-Zeitung, «ich schreibe über harten Sex». Der Artikel würdigt «Ulla Hahn (47), Doktor der Philosophie, Deutschlands erfolgreichste Lyrikerin». Sie «strömt Kraft aus wie tiefe Seen im Hochgebirge», beim Lesen ihrer Gedichte wurde der Interviewerin «eiskalt ums Herz». Eins ist abgedruckt, es beschreibt die Verachtung der Lyrikerin gegenüber ihrem Vater, der Arbeiter war. Sie trat trotzdem in die Deutsche Kommunistische Partei ein und wenige Jahre später wieder aus. Inzwischen hat sie in einem Roman beschrieben, wie «die Heldin ihren Geliebten foltert»: «Küstermann lag nackt… Maria legte sich einen Gürtel aus Gummi… rollte die schwarzen Strümpfe sehr langsam… befestigte sie an den Strapsen…»

Wie immer ist das Lesen deutscher Zeitungen eine Exkursion in den tiefen, dunklen Wald voller Geheimnisse, der mich seit Kindesbeinen umgibt. Er ist von rätselhaften Menschen bewohnt, von Menschen mit unerklärlichen, aber hartnäckigen Ambitionen. Damit das Publikum versteht, was das Adjektiv «erfolgreich» in Verbindung mit «Lyrikerin» meint, ist in einem Kasten die Liste der «wichtigsten deutschen Literaturpreise» abgedruckt, daneben jeweils die Dotierung, vom «Georg-Büchner-Preis (60 000 DM)» bis zur Stadtschreiberstelle in Bocholt, «freie Wohnung und 12 000 DM», von der Bild-Zeitung als «auch noch interessant» eingestuft. Jährlich werden «rund 750 Preise vergeben – 3 pro Tag. Insgesamt 6,5 Millionen DM».

Die Literatur des Landes müßte erblühen wie nie. Warum tut sie es nicht? Gedrängt von der Masse der Zeitungen, die auf meinem Klapptisch liegen, kann ich auch dieser Frage nicht nachgehen. «Kein weiterer Prozeß gegen Mittag», lese ich. Wegen Diabetes sei der Ex-SED-Funktionär verhandlungsunfähig, erhalte außerdem 300 000 DM zurück, die man zunächst beschlagnahmt hatte. Die Bild-Zeitung spricht es aus: «Günter Mittag 300 000 DM reicher!» Ich lese es auf dem Hauptbahnhof Magdeburg, dem ersten Halt in der früheren DDR. Der Bahnhof ist frisch hergerichtet, aber fast menschenleer, niemand steigt in den Intercity-Expreß, niemand steigt aus. Haftentschädigung erhält auch Willi Stoph, Vorsitzender des Ministerrats der DDR.

Die «Frankfurter Allgemeine» schreibt über «die Willkür, mit der sich die jungen Gewalttäter über die vertrauten Zusammenhänge von Ursache und Wirkung hinwegsetzen...» Wieder verschluckt uns Dunkelheit, im Erster-Klasse-Wagen des Intercity-Expreß geht das Leben weiter, Getränke, kleine Mahlzeiten werden serviert, es gibt sehr guten Kuchen, das Stück für zehn Mark. Für Günter Mittag wäre er erschwinglich. Er hat nichts davon, ist schwer zuckerkrank. Gab es jemals Gewinner in diesem Land oder immer nur Verlierer? Immer häufiger jedenfalls, so die Zeitung, «stehen die brutalen, mitunter lebensgefährlichen Formen, in denen sich die Neigung zur Gewalt austobt, in einem auffälligen Mißverhältnis zu ihrem nichtigen Anlaß. Der bloße Zufall kann genügen, um maßlose Gewalt zu provozieren...» Eine Berührung mit dem Kleidersack. Was wird mir beim nächsten Mal einfallen? Läßt sich der Auftritt «Ihr wißt nicht, wer ich bin» wiederholen? Das Land hinter der Scheibe dunkel wie tiefer Wald, ich blicke nicht mehr auf bis Bahnhof Zoo.

In meiner Berliner Wohnung erwartet mich ein Berg Post, der vierte Tag vergeht über Leserbriefen, Rechnungen, neuen Büchern. Freunde haben von meiner Ankunft erfahren und rufen an. Am Nachmittag flüchte ich aus der Wohnung und gehe spazieren. Herrliches Wetter, in den Parks von Berlin-Dahlem liegen lange, schräge Schatten auf dem kalten Rasen. Der zweite Herbst, den ich außer Landes verbringe, und doch gehe ich hier spazieren, erlebe die raschen Sonnenuntergänge, das plötzliche Verstummen der Vögel.

In meiner Wohnung läuft die Heizung. Roger besucht mich zum Tee, erzählt von einer Arbeitsgruppe «Regierungskriminalität», von der Verhaftung des früheren Unterhändlers Vogel. In Italien, sage ich, wurden Hunderte Politiker festgenommen, korrupte Abgeordnete, Bürgermeister, Geschäftsleute. Abends bei Lehmann-Brauns zum Essen. Wir sprechen nicht über Deutschland, sondern spazieren durch Rom.

Auch den sechsten Tag sitze ich in meiner Wohnung, telefoniere, schreibe Briefe. Abends trifft sich bei Professor Domdey in der FU ein kleiner Kreis, um «Strategien gegen rechts» zu diskutieren. Der Germanist Richard Herzinger überredet mich, mitzukommen. Intelligente Leute, besorgte Gesichter. Viele Politiker würden den Rechtstrend begünstigen: «Sie bieten immer weniger eigene Vorstellungen an, schnappen auf, was von der Straße kommt und entsprechen.» Der Schriftsteller Morshäuser erzählt von Erfahrungen, die er in Gesprächen mit Skinheads gemacht hat, nennt es «falsch, sie schweigend auszugrenzen». Domdey macht sich Gedanken über die «Auseinandersetzungen, die auf uns zukommen. Rechte Theorien werden mehr und mehr das geistige Klima an den Universitäten bestimmen.» Ich plädiere dafür, zunächst die Begriffe zu klären, das Wortgemenge der «Neuen Rechten» auseinanderzuklauben: konservativ, rechts, traditionell, national. Konservative Denkansätze halte ich für berechtigt, sogar wichtig, das Verhängnis sehe ich im Nationalismus.

Kürzlich wurde ich in einem Interview gefragt, ob meine «Kulturkritik am Westen aus einem wertkonservativen Impuls heraus» entstehe. Aus meinem Essay «Schrecken der Steine», der sich mit der Zerstörung Roms durch Umweltschäden, Verkehrschaos, moderne Mißwirtschaft beschäftigt, zitiere ich den Satz: «Konservativ ist hierorts oft dasselbe wie alternativ.» Ich habe vor dem Wort konservativ keine Angst. Gewiß operiert auch die «Neue Rechte» mit diesem Begriff, den sie mit einer nationalen Botschaft verkleistert: Zur «gewachsenen Kultur» gehört dann gleich das «organische Volksganze». Das Schreckliche an diesem Land ist, daß hier jeder Gedanke mißverstanden und verdorben wird.

Sicher waren «linke», auch marxistische Überlegungen erfrischend, doch was für ein Stacheldrahtverhau wurde daraus gemacht. Sicher hat «wertkonservatives» Denken seine Berechtigung, doch welche Ungeheuerlichkeit ist in Deutschland daraus erwachsen. Das Erstarren des Geistigen zu kalten Blöcken, aus denen sich Mauern bauen lassen, ist der Deutschen Spur in der europäischen Geschichte. In ihre Verstiegenheit will ihnen niemand folgen, unversehens sind sie allein. Am Ende steht immer der Nationalismus, die kopfscheue Flucht in Enge und Isolation.

Hinterher mit Herzinger und dem jungen Marko Martin in meiner Wohnung Chianti getrunken, er viel gelacht. Marko geht morgen auf ein Jahr nach Paris, verläßt Deutschland offenbar nicht ungern. In der Nacht lese ich seinen Artikel über eine Zeitung der «Jungen Rechten», die in Freiburg erscheint. Die Sprache dieser Leute verrät, wie verkorkst sie sind. «Die Mentalitäten der Zukunft verorten ihre Selbstverwirklichung im traditionalen Gefüge... Nation als Sinn gemeinschaftlicher Existenz... Freiheit ist zur Leere geworden, zum Verlust der Sinnlichkeit...» Eindeutig für Dumme. Was tun, wenn immer mehr Leute vor Angst dumm werden?

Mein Freund, der Kunsthändler Mendel B., holt mich am achten Tag mit seinem Auto ab. Ich habe mir gewünscht, nach Potsdam zu fahren, in das Berlin umarmende Bundesland, wo der Ministerpräsident Stolpe regiert, Symbol der vereinigten «politischen Klasse».

Man kann sein Land nicht blühend nennen. Das Geld versickert, die Garderobenfrau im Neuen Palais erzählt uns Beispiele der Mißwirtschaft; sie wüßte noch mehr zu sagen, doch unsere Zeit drängt. In Mendels großem Auto schwimmen wir sicher durch dürftige Dörfchen, am Steuer sitzt sein Sohn, wir plaudern auf der Hinterbank. Berliner Geschichten, er kennt jeden in der Stadt, hängt an ihr mit ganzem Herzen, hat dennoch eine Wohnung in Jerusalem gekauft.

Wie mancher, mit dem ich spreche, hält er es für abgemacht, daß «wir weggehen müssen, wenigstens die Kinder». Auch meine Kinder wollen nicht hierbleiben. Sie haben deutsche Schulen besucht, Deutsch ist ihre Muttersprache, aber dieses Land kann nicht ihre Heimat sein. Wieder die Dämmerung, Mendels Sohn fährt uns nach Berlin zurück. Bahnhof Friedrichstraße essen wir unter fröhlichen Leuten in einem Bistro, lassen den Wagen stehen, laufen los. Die Museumsinsel stockdunkel, kein einziges Licht. Hell erstrahlt dafür das Marx-Engels-Denkmal gegenüber vom «Palast der Republik».

Da stehen sie immer noch, die Götzenbilder, plump und mißlungen. So präsentiert sich die Hauptstadt Deutschlands dem fremden Besucher, diesem Denkmal gilt das spärliche Licht ihres Herzens. Auch am historischen Marstall die bulligen, bärtigen Köpfe in Bronze und überlebensgroß, als wäre einmal nicht genug. Und wieder hell bestrahlt. Wir sehen die gigantische Großbaustelle des neuen «Wintergartens», Kosten 500 Millionen Mark, aber für wen? Die Boutiquen und Cafés rings um den Gendarmenmarkt machen schon wieder zu, Mendel kennt einige Besitzer, sagt unumwunden: Läuft nicht. Das Bezirksamt Berlin-Mitte, wo «alte Kader» sitzen, behindert die Geschäfte, schikaniert die Restaurants mit sinnlosen Auflagen. An einem Bauzaun ein grellgelbes Plakat, weithin zu erkennen: «Wir sagen Nein zur BRD! Drei Jahre sind genug! Enteignung der Kriegsbrandstifter von 1938 und 1990! Fabriken und Land wieder in unsere Hand!» Unterschrieben: Freie Deutsche Jugend, Berliner Gruppe, Kontaktadresse.

Land der Lemuren. Die Hotels, das Hilton, das Grand Hotel, fast leer. Die Stimmung auf den Straßen eher provinziell, ein paar streunende Jugendliche sprechen laut und provozierend deutsch, als wäre das ein Programm. Auch Friedrichstraße Ecke Unter den Linden wird gebaut, Bauherr ist ein Freund von Mendel, ein West-Berliner Jude. In roten Graffiti steht am Zaun: «Tod! Judensau Israel! Kuweit ist und bleibt Irak mit Westgebiete Jordanien und Mekka! In Riad und London Tod USA!»

Wem die Stadt nachts gehört, wem sie wirklich gehört... Mendel, sein Sohn und ich stehen davor und schweigen, dann zucken wir die Schultern, gehen zum Auto, fahren zurück in den Westen der Stadt.

Am Abend des zehnten Tags besuche ich Freya Klier, fahre in der U-Bahn unter Leuten mit seltsam verärgerten Gesichtern. Mir gegenüber liest jemand eine Zeitung mit der Schlagzeile «Deutsche Tennis-Asse räumten wieder ab». Wir sprechen über den in Kürze fälligen Staatsvertrag der Stadt Berlin mit dem Land Brandenburg. Der flaue, butterweiche Bürgermeister Diepgen wird der Umarmung von Stasi-Stolpe nicht gewachsen sein, die geheimen Strukturen Brandenburgs, die alten Seilschaften werden über uns kommen, West-Berlin, nachdem es so lange widerstanden hat, als freiere Lebensform inmitten der Öde, wird endlich absorbiert. Roger bringt Champagner mit. Deutschlands Tragödien hin und her, wir sehen uns zum ersten Mal seit einem Jahr. Dazu klingelt fast pausenlos das Telefon. Spät zurück, Innenstadt wie ausgestorben, Roger am Savigny-Platz abgesetzt. Der schwule Taxi-Fahrer erzählt mir von einem

Überfall durch Neo-Nazis: «Wenn ich könnte, ich wär längst weg.»

Elf Uhr am elften Tag fliege ich nach Stuttgart, schönes Wetter, sehe beim Landen die Häuschen, Gärtchen, Sträßlein, eingebettet in Grün. Immer bei solchen Anblicken muß ich an die Frage eines russischen Soldaten denken: So ein hübsches, sauberes Land. Sie hatten doch alles, was man sich wünschen kann. Wozu haben sie diesen Krieg angefangen?

In Berlin, als ich abflog, drohte Regen. Hier der Himmel silbrig zart. Ferner, leicht von Bergen gebuckelter Horizont, etwas oberhalb ein paar weiße Wölkchen. Ein kleiner westdeutscher Verlag, Präsenz, und der Schocken Verlag Tel Aviv haben gemeinsam das Buch «Fremdling du» produziert, einen Versuch, mit literarischen Mitteln gegen Fremdenhaß anzugehen. Der Titel ist eine Gedichtzeile von Nelly Sachs, von mir stammt ein Text in diesem Buch, «Überleben».

Dazu Farbholzschnitte von Andreas Felger, einem christlichen Künstler aus Süddeutschland, eine CD mit Schönbergs Komposition «A Surviver from Warshaw», alle Texte in drei Sprachen, deutsch, englisch, hebräisch, entsprechend aufwendig die Typographie, da das Buch von zwei Seiten lesbar sein muß, hebräische Schrift läuft von rechts nach links. Das Poem des israelischen Dichters Abba Kovner, eines Überlebenden des Gettos von Wilna, der testamentarisch untersagt hat, ins Deutsche übersetzt zu werden, wurde von den Herausgebern in die hier nächstliegende Sprache, Jiddisch, übertragen. Anläßlich der Pressekonferenz, auf der wir das Buch vorstellen, sehe ich es zum ersten Mal: trotz des tragischen Inhalts ein prächtiger Band.

Ich bleibe nur eine Nacht, wohne bei Freunden oben auf dem Hügel, gehe am hellen Mittag die Steigen abwärts, Eugensplatz, herbstliche Parks mit blühenden Rosen, weiß, teegelb, rot, unter einer bemoosten Figur rauscht Wasser. Ich muß Leute ansprechen und nach dem Weg fragen, und wieder habe ich das Gefühl, daß sie bei meinem Anblick ungern stehenbleiben, daß sie erst mein akzentfreies, muttersprachliches Deutsch beruhigt. Aus Jerusalem ist der Historiker Israel Gutman angereist, ein Mann um die Siebzig, in Warschau geboren. Er hat überlebt, die Schrecken stehen für immer in seinem Gesicht, darüber haben sich wie mildernder Glanz die Jerusalemer Jahre gelegt.

Wir sprechen abends vor einem großen, überwiegend jungen Publikum. Vorher eine Stunde in der Stuttgarter Innenstadt spazieren, ein Betrunkener hatte sich uns genähert, war zielsicher auf Professor Gutman losgegangen. «Hast recht, Alter», brabbelte er, «ich bin fertig…» Gutman erinnerte der Vorfall an Warschau, wohin man ihn jetzt oft einlädt. Die Stadt sei voll von Betrunkenen. Können Sie mir sagen, warum?

Zwölfter Tag, zurück nach Berlin. Im Flugzeug «Welt», «Süddeutsche», «Neue Zeit». Im Auswärtigen Amt wurde ein Stasi-Spion festgenommen, der als Top-Quelle aus der Umgebung des früheren Außenministers… Prozeß um die Brandanschläge von Mölln… Eine bisher unbekannte Menge gasförmigen Chlors aus einem Betrieb der Hoechst AG in Frankfurt entwichen… Ein 24jähriger Skinhead, der einem Mann mit einem Springerstiefel ins Gesicht getreten hatte, ist in Berlin… Die Bundesanstalt für Arbeit wird im nächsten Jahr 23 Milliarden DM Zuschuß benötigen.

Im Hof finde ich ein Zeitungsblatt mit der Überschrift

«Nostradamus behält recht, die große Katastrophe beginnt», der Text hat etwas Dräuendes, geht mir nicht mehr aus dem Sinn. Abends Premiere von Freyas Film, ich treffe die Köpfe der früheren DDR-Opposition. «Wollen wir uns wieder streiten?» fragt Bärbel Bohley. «Wozu?» frage ich zurück. «Geht es uns nicht schlecht genug?»

Auch am dreizehnten Tag fliege ich, diesmal sieben Uhr morgens nach Frankfurt, zwischen Yuppies, deren Topfit-Sein und ewige Munterkeit um diese Stunde etwas Nervtötendes hat. Die «Frankfurter Rundschau» informiert über den CSU-Parteitag: «Die Partei soll eine kraftvolle politische Kampfgemeinschaft bleiben...» Der gestern als Stasi-Spion enttarnte Beamte des Auswärtigen Amts ist wieder auf freiem Fuß, wurde «gegen Auflagen von der Untersuchungshaft verschont». Drei Wachhunde haben einen neunjährigen Jungen angefallen. «Das stark aus mehreren Wunden blutende Kind...» In Magdeburg wurde ein Kambodschaner niedergeschlagen. «Wie die Polizei mitteilte, verletzten Skinheads den Mann mit Schlägen im Gesicht... wurden die beiden Täter kurz darauf von der Polizei aufgegriffen, als sie zusammen mit sieben weiteren Skinheads drei algerische Asylbewerber verfolgten, die sie zuvor...»

Drei Hunde gegen ein Kind, neun Skinheads gegen drei Algerier – Land der Helden. Wieder scheint sich das schlechte Wetter über Westdeutschland zu verlieren, beim Frühstück in der Business Class lese ich, was schreibende Frauen in einer Anthologie berichten: «Er war in vielen bürgerlichen Haushalten zu finden, der ‹gelbe Onkel›, jenes schmale hellfarbige Rohrstöckchen, das meist im Korridor griffbereit lag, wenn der Hausherr Frau und Kinder züchtigen wollte.» Eine Autorin befreit sich viele Jahre später mit

Hilfe eines Psychiaters «von den Schlägen im Keller, dem Holzgestell, auf das sich das Mädchen legen muß, nachdem es den Unterleib entblößt hat. Der Rohrstock. Der sausende Ton. Hochaufgerichtet steht der Mann an der Wand. Er knöpft die Jacke zu. Na, hast du mir nichts zu sagen? Die Zeremonie des Um-Verzeihung-Bittens beginnt. Sie schließt eine feste, von Seiten des Vaters innig zu nennende Umarmung ein, und das obligate Ich-will-es-auch-nie-wieder-tun ist der Brückenzoll, der jedesmal neu zu entrichten ist. Wenn er geht, dreht er sich um: Glaub mir, es hat mir weher getan als dir.»

Zum Vergleich erinnert die Zeitung an eine Aussage des deutschen KZ-Kommandanten Rudolf Höß: «Genau erinnerlich ist mir die Prügelstrafe. Der Häftling mußte sich auf den Block legen. Mich durchlief es heiß und kalt, als die Schreierei begann. Ich war später bei der ersten Exekution nicht so erregt wie bei dieser körperlichen Züchtigung.» Nicht der Sadismus ist das wirklich Überraschende, sondern das von der Autorin beschriebene Ritual: Es hat mir weher getan als dir. Der nachträgliche Rollentausch, das verstohlene Hinüberschlüpfen des Täters in die Rolle des Opfers. Es ist das eigentlich Perverse, Feige, Fischige an dieser Art deutschen Mannestums, offenbar unsterblich, den Stasi-Leuten so eigen wie denen von der SS.

In Frankfurt ragen die Türme der Banker in einen verpesteten, lichtlosen Himmel. Halb betäubt nähere ich mich dem Messegelände, Lärm, Verkehrschaos und andere Segnungen stürzen über mir zusammen. Seit Jahren war ich nicht auf der Buchmesse, wäre weiterhin gern ferngeblieben, nur die Präsentation von «Fremdling du» ist mir das Herkommen wert. Förderbänder schaffen mich in summende Messehallen, wo Verleger, Autoren, Journalisten,

Publikum winzige Kojen belagern, jedes Gespräch im Stimmengewirr untergeht, jedes Gesicht im Gedränge. Auf meinem Zettel sieben Termine.

Am Stand einer Zeitschrift, für die ich schreibe, werde ich herzlich empfangen. Eine Tasse Kaffee, die erste des Dutzends, das ich heute an den verschiedenen Messeständen trinken werde. Mein Gespräch mit dem Verleger findet in aller Offenheit statt, Hunderte gehen vorbei und betrachten uns wie Affen im Käfig. Besucher stellen sich ein, werden empfangen, bewirtet, alles im Handumdrehen. Eben sitzt ein Fernseh-Redakteur neben mir und ein Regierungsbeamter nebst Gattin, da sind sie schon wieder verschwunden, an ihrer Stelle ein Abgeordneter und ein Professor aus Dresden.

Jemand fragt mich etwas, ich will antworten, aber wenn ich den Mund öffne, sitzt dort jemand anders. Der Abgeordnete hat ein Buch von mir gelesen und findet es «wichtig». Dann erkundigt er sich: «Was machen Sie beruflich?»

«Ich schreibe.»

«Ich meine, was machen Sie richtig...»

«Schreiben. Das ist ein richtiger Beruf.»

Erst nachmittags kann ich der Messe entkommen, nachdem ich mich mehrmals verlaufen, mehrere Termine versäumt, dafür mehrere Leute getroffen habe, die ich auf keinen Fall treffen wollte. Nachmittags erobert das Publikum die Hallen, schiebt sich durch Bücherberge, zwei Massen treffen aufeinander, es kommt zu gefährlichen Ballungen.

Im Gewühl liegen junge Leute auf der Erde, in Gruppen oder zu zweit, manche beim Petting. Verzehrt wird überall, gekaut, gelutscht, geknabbert. Tausende Druckschriften werden in Taschen und Rucksäcken verstaut, ganze Wälder von gesunden Bäumen, mehr, als die Leute tragen, geschweige lesen können.

Wohin in Frankfurt, wenn man der geschlossenen Räume leid ist? Im Schatten der Glitzertürme ist schlecht spazieren, überhaupt laufen, zu Fuß sein. Der Banker, dem diese Stadt gehört, fährt mit seiner Kompaktlimousine in die Tiefgarage, von dort im Fahrstuhl in sein Büro, die Füße benutzt er notfalls, um von einem Beförderungsmittel zum nächsten zu gelangen. Dennoch, es ist Sonnabend nachmittag, der Himmel aufgeklart bei frischem Wind, ich will laufen.

Ich irre, von Autos gejagt, verloren zwischen Beton, durch Einkaufsstraßen, über verödete Plätze. Was sich Park nennt, ist ein Rondell halberstickter Bäume zwischen Schnellstraßen. Die Fassaden der Hochhäuser, in denen das Geld «gemacht», «gedreht», in «Gewinn» verwandelt wird, toter als die Ruinen Pompejis. In einem Schaufenster hundert Bildschirme, auf denen ein Afrikaner tanzt. Furchtsame Fußgänger, zu zweit, mit Hund. Stricher, Huren, Skinheads. Liegende auf Bänken. Ganze Straßen weit niemand. «Und Wüstentiere werden sich da lagern, wilde Hunde in ihren Palästen heulen...»

Zum Hauptbahnhof. Gedränge, als wäre die Stadt wirklich belebt. Vor mir am Taxi-Stand schimpft ein Rentner auf die «Ausländer», er meint zwei elegante Spanierinnen mit Aktenmappen, die in das Taxi einsteigen, das nach seiner Ansicht für ihn bestimmt ist. Einbrechende Dunkelheit verhüllt gnädig, was ich im letzten Licht einer blassen Sonne gesehen habe. Mir ist kalt. Der Abend im Jüdischen Museum gilt wieder dem Band «Fremdling du». Israel Gutman spricht, dann der israelische Kultur-Attaché und ich. Bilder vom Warschauer Getto, Schönbergs Musik. Zum Schluß ein improvisierter Auftritt der Verlegerin Edelman aus Tel Aviv, der Enkelin des alten Schocken, den die Nazis 1938 aus Berlin vertrieben haben – späte Rückkehr in ein Land, von dem mehr als zweifelhaft ist, ob es sie zu würdigen versteht.

Doch der Saal ist voller Deutscher, vor allem junger, die schweigend zuhören. In meinem Kopf ein seltsames Durcheinander alter und neuer Schrecken, geträumter, wirklich erlebter und jener, an die wir uns erinnern, obwohl wir angeblich nicht dabeigewesen sind. «I must have been unconscious most of the time», heißt es im Text zu Schönbergs Musik, «I remember only the grandiose moment when they all started to sing, as if prearranged, the old prayer, they had neglected for so many years, the forgotten creed.»

Nachts nach Mainz. Übernachtung im Haus des Verlegers Oliver Kohler. Die Familie betet vor dem Frühstück, ich sitze still dabei und denke an meine Kinder. Dann fährt mich Frau Kohler – es ist der vierzehnte Tag – nach Schloß Bartenstein zu meinem Freund Michael von Poser, einem deutschen Schriftsteller ohne deutsches Publikum. In Großbritannien hat er Verehrer, dort gibt es eine «Von Poser Society» zur Förderung seines Werks, hierzulande hat er mehr Feinde als alles andere. Auf der Autofahrt versuche ich, die Zeitschriften zu lesen, die in meiner Berliner Wohnung eingetroffen waren, nach wenigen Sätzen verliere ich die Lust. «Eine Hitler-Fixierung in negativo führt nicht weiter», schreibt ein jüngerer Historiker, «weil Geschichtswissenschaft nicht die Aufgabe der moralischen oder politischen Abrechnung hat.» Zwei andere Historiker untersuchen «Auschwitz als britisches Problem». Eine klare Konklusion sieht ein aus Ost-Berlin stammender Autor darin, «...daß der Totalitarismus der Linken einen Totalitarismus der Rechten geradezu herausforderte.»

Ein gewaltiges Klittern. Deutschland hat «keine Sonderrolle» gespielt, war nicht schlimmer als andere, nicht allein schuldig. Viele Opfer von Auschwitz gehen auf britisches Konto, da die Royal Air Force das Lager nicht bombardierte. Den Weltkrieg mußte Deutschland anfangen, da Stalin ihn sonst begonnen hätte. Der Nationalsozialismus wurde vom linken Totalitarismus herausgefordert. Wir haben es nicht gewollt. Glaub mir, es hat mir weher getan als dir.

Viel angenehmer zu plaudern, mit Frau Kohler, mit den beiden kleinen Söhnen hinten im Auto. Wir fahren über leere Straßen durchs Hohenloher Land, Hügelketten, Senken, fahle Wälder, manchmal ragt unvermutet über der Straße, hoch oben auf felsiger Klippe, ein Schloß, eine Burg. Mit Poser lange spazieren, abends nach Kitzingen in die Alte Synagoge, auf Einladung des Fürsten Castell. Es ist, wie vielerorts in Deutschland, eine Synagoge ohne Juden. Auch in der kleinen Stadt ist der Saal voll, als Gedichte von Nelly Sachs, Gutmans Erinnerungen, meine Aufforderung zum Überleben zu hören sind.

Gutman ist nicht allzu gern hier, die Abende strengen ihn an, selbstverständlich klagt er nicht. Nur einmal, als wir im Haus des Verlegers ein Glas Wein zusammen trinken, gesteht er mir, wie er sich auf den Rückflug freut, auf den Augenblick seiner Ankunft in Tel Aviv, auf seine Studenten, seine Enkelkinder. Ich antworte, daß es mir nicht anders geht. Er seufzt. Wenn man hier so aus dem Fenster schaut, sagt er plötzlich, mit dem Blick in den dämmrigen Garten, scheint es ein ruhiges Land. Leider nicht, antworte ich. Kein Wort weiter, auch am Abend nicht, als wir wieder auf einer Bühne sitzen und unsere Texte lesen.

Autofahrt durch eine bezaubernde Landschaft aus Wäldern, Hügeln und silbrigen Wiesen. Nächtliches Essen mit Poser in der fast dunklen, nur von Kerzen durchflackerten

Küche. Wir sprechen über seinen Essay «Das zum Schweigen gebrachte Auge», über seine zutreffende Beobachtung, die Menschen in diesem Land hätten das Sehen verlernt.

Irgendwann am achtzehnten Tag erzählt mir in Mannheim ein türkischer Taxi-Fahrer, er werde mindestens zweimal die Woche von deutschen Fahrgästen beleidigt. Ich sehne mich nach dem italienischen Dorf, in dem ich den Winter verbringen will. Die großen deutschen Städte, durch die es mich weht, haben meine Stimmung verdüstert, mein Blut kalt werden lassen, meine Stimme rauh.

Mein Gedächtnis ist getrübt. Was geschah wann? Einen Morgen verbringe ich im Mainzer Dom, steige in die Gruft unter dem Westchor, gehe durch den Kreuzgang. Wie düster, schwer, burgartig im Vergleich zu Rom. Wie kämpferisch hat das Christentum hier immer bauen müssen, wie ist es bis heute missionarisch geblieben, auf der Hut vor den Barbaren. In der kahlen Kirche St. Stephanus prangen Chagalls Glasfenster in Grün, Blau, Purpurrot, auf einem Platz sitzt der bronzene Bischof von Ketteler, in sich gesunken, verschlossen. Ich sehe im Kloster Gnadenthal die einfühlsam restaurierten Gebäude, Galerie, Bibliothek, Schreinerei. Die Anlage des ehemaligen Zisterzienserklosters beherbergt eine gemischte Kommunität aus Laien und Geistlichen, Protestanten und Katholiken: ein ermutigender Versuch, in der Landschaft zu leben, miteinander, mit Büchern.

Einen Vormittag gehe ich mit der Kölner Schriftstellerin Liane Dirks am Rhein spazieren. Sie hält mich für einen Optimisten, weil ich sosehr an die Möglichkeiten des Wortes glaube. Im Restaurant hören wir zwei Frauen darüber streiten, ob Heiligabend auf einen Donnerstag oder Sonnabend fällt, sie können sich nicht einigen, die Stimmen gewinnen einen erbitterten Klang. Ich sehe in meinem Kalender nach: Sie haben beide unrecht, es ist ein Freitag. Im Düsseldorfer Heine-Museum diskutiere ich zwischen alten Handschriften und Bildern mit einem gesprächigen Publikum, fahre später im Zug zwischen Schweigenden. Noch mal Köln, Bonn, Koblenz, Wein auf frostigen, gold beleuchteten Hängen, Nierstein, Rehberg, Spiegelberg, die Barockkirche weiß mit schwarzem Schindeldach, und saubere, unendlich saubere Straßen.

Die letzte Nacht folgt auf den zwanzigsten Tag. Noch einmal habe ich deutsche Zeitungen gelesen, große und kleine, sogar die «Stimberg Zeitung» des Landkreises Oer-Erkenschwick. Dort steht auch nichts anderes als bei den Marktführern. Der Bundeskanzler «bekennt sich zu europäischer Union». Gegen den SED-Geldbeschaffer Schalck-Golodkowski hat sich ein «Verdacht erhärtet», man «ermittelt», wahrscheinlich wird es wieder nicht zur Anklage reichen. Im Land eine Atmosphäre der Duldung von Verbrechen, der Sympathie mit dem kriminellen Auftritt. Der Mann, der die Tennisspielerin Monica Seles durch Messerstiche verletzte, nach eigener Aussage töten wollte, wird von einer Hamburger Richterin auf freien Fuß gesetzt.

Gabriele Finger-Hoffmann vom Süddeutschen Rundfunk hat Autoren eingeladen, die für ihre Sendereihe schreiben. Wir sitzen uns im Rund gegenüber, wenig begeistert, mißtrauisch, abwehrbereit. Die Sendereihe ist unpolitisch, ein Halb-Stunden-Essay über ein freies Thema, ein psychologisches, kulturelles, selbsterfahrenes. Täglich gesendet, mit hohen Einschaltquoten. Wir werden einander vorgestellt. Ein Chinese aus Köln, eine in München lebende Tschechin, ein Türke, eine in Schwaben lebende Deutsche und ein

Deutscher, der in Frankreich lebt. Ich habe nicht gewußt, wer die Autoren der anderen Sendungen sind, niemand hat das gewußt. Die Redakteurin sitzt dabei, lächelt, freut sich, daß wir verstehen.

Am Abend, im Haus meiner Stuttgarter Freunde, Vorzeichen einer glücklichen Rückkehr. Ich greife nach einem Buch im Regal, es ist ein Band von Calvino mir römischen Veduten. Engelsbrücke, Pantheon, Gewirr der Dächer, dörfliche Innenhöfe hügelabwärts von der Villa Doria Pamphili, Brunnen, Katzen. Früh am nächsten Morgen zum Flughafen.

Im «Corriere della Sera» lese ich eine Notiz über «una Repubblica Democratica Tedesca in miniatura con tanto di filo spinato, torrette di avvistamento, recinzioni elettriche e feroci cani da guardia». Es sei die Idee eines 28jährigen deutschen Unternehmers, der mit einer Mauer-Nostalgie rechne, mit der Sehnsucht vieler Deutscher nach dem vertrauten Bild. Paraden soll es geben, nationale Auftritte, Verbote und Stasi-Agenten, «pronti ad arrestare chi si lamenta in pubblico».

Das Land, das ich verlasse, ist das Land meiner Geburt. Im Auto, auf dem Weg zum Flughafen, habe ich geschwiegen. Nur ein Schritt noch, der Flughafen, exterritoriales Gebiet. Ich will meine Freunde nicht wissen lassen, wie erleichtert ich bin.

DIE ANGST VOR DEM GRASHALM

ENGE ODER
EIN VERSUCH, AMERIKANERN
DEUTSCHLAND ZU ERKLÄREN

Ladies and gentlemen,
ich bin ein Frontstadtkind, 1954 in Berlin geboren, in einer
Ära, die man den Kalten Krieg nennt. In den Straßen, durch
die mich meine Mutter spazierenführte, standen noch die
Ruinen der Bombennächte. Als die Berliner Mauer gebaut
wurde, war ich sieben Jahre alt, alt genug, um mir fürs Leben
die Bilder dieser Tage einzuprägen. Nachts rollten Panzer
durch die Stadt. Am Vormittag saß meine Großmutter am
Radio, sie hatte zwei Töchter, die eine im Osten der Stadt, die
andere im Westen, nur eine konnte sie fortan sehen.

Mein Bild von Deutschland ist früh von dieser Enge bestimmt, von Beklemmungen, unzumutbaren Alternativen.
Das befriedete Land lebte für die Dauer von weiteren vierzig
Jahren in einem Entweder-Oder mit Todesfolge. Aus antiken Zeiten ist das Wort überliefert: Krieg ist die Fortsetzung
der Politik mit anderen Mitteln. Offenbar trifft auch das Gegenteil zu: Frieden ist die Fortsetzung des Krieges mit anderen Mitteln. Ein bestürzender Satz, der einen Glauben dieser Zeit in Frage stellt, den Glauben an eine Friedenswelt.
Auch ich will mir nichts anderes vorstellen als Frieden. Dennoch habe ich schon als Kind empfunden, wieviel Heuchelei
sich in diesem Wort verbergen kann.

Wir sind eigentlich unter kriegerischen Verhältnissen aufgewachsen. Uns Kinder umgab Haß, er war selbstverständlich. Er galt zunächst nicht uns, Deutschland schien damals,

nach großen Verlusten, ein relativ kinderfreundliches Land. Das änderte sich mit steigendem Wohlstand, im Grunde war es damals schon eine Täuschung. Die Mauer fraß Kinder wie ein Moloch. Man hatte eine gewisse Mühe, es uns zu erklären: Die Opfer waren Deutsche, die Mörder auch. Noch zwei Jahrzehnte später, im Westen der Stadt, wieder nahe der Mauer, konnte es geschehen, daß wir nachts von Schüssen erwachten.

Im vergangenen Frühjahr, als ich schon fern von Berlin lebte, schickte mir ein Freund aus Hamburg ein Foto. Im Vordergrund Geröll, dahinter eine Mauer und dort, wo der Horizont sein müßte, Wachturm, Stacheldraht, Strünke von frierenden, halbtoten Bäumen. Ich dachte sofort an die Berliner Mauer, das vertraute Bauwerk meiner Kindheit. Bis ich auf der Rückseite las: «Auschwitz-Birkenau, ein deutsches Forum Romanum. Vorn, unter den Gesteinsbrocken, war die Gaskammer.»

Die deutsche Topographie dieses Jahrhunderts war unbeschreiblich stupide. Eine Mauer gehörte dazu, ein elektrisch geladener Zaun, Uniformierte mit Schäferhunden. Sogar kleine Details waren ähnlich, die Motorräder mit Beiwagen, mit denen sich die Uniformierten im Niemandsland bewegten, auch die Uniformen selbst. In Deutschland wurde das Sinnliche, der Augenschein, nie hoch bewertet, es ist ein Verhängnis dieser Nation, daß sie ihren Augen nicht traut. Die schreckliche Ähnlichkeit wollten nur wenige wahrnehmen. Man war an diese Bilder gewöhnt, das Land lebte damit, nur wenige fanden sie unerträglich.

So wenig man seinen Augen traut, so sehr verläßt man sich auf Theorien und Denksysteme. Das Aberwitzige, Verdrehte gilt als hohe Schule des Geistes, eine Fehldeutung von spät Zivilisierten, ein Mißverständnis mit langer Vorgeschichte. Im Spiegelland der Abstraktion sind alle Dinge und Landschaften seitenverkehrt, in den bizarren, hohlen Türmen verdorren die Wahrheiten des Lebens. Teilung, Todeszaun, Opfer der Mauer wurden in die Theoriegebäude integriert und wohlklingend benannt: Das mörderische Schweigen hieß «Frieden», das allmähliche Aufgezehrt-Werden «Entspannung».

Ehemalige sowjetische Politiker haben inzwischen erklärt, daß eine deutsche Vereinigung von ihrer Seite schon Jahre früher möglich gewesen, auch manches Signal in diesem Sinne ergangen wäre. Indessen war eine innerdeutsche Interessengemeinschaft entstanden, die dem widerstrebte. So spät wie möglich hat man sich der Vereinigung gestellt, die als Teil der europäischen gemeint war, und sie dann falsch verstanden, wieder ganz deutsch.

In Wahrheit gab es, solange die Berliner Mauer stand, einen permanenten inneren Krieg, den eine wirklich zivilisierte Nation nicht ertragen hätte. Profitiert hat eine Schicht von Zwischenhändlern wie einst die selbsternannte «Friedenspartei» im republikanischen Rom: bereit, dem eigenen Vorteil Stadt und Land zu opfern. In den Geschäften zwischen westdeutschen Politikern und ostdeutschen Funktionären lag der Keim jener Demoralisation, die das vereinigte Land wie ein Virus befallen hat. Es gibt in der sogenannten «politischen Klasse» kaum Unschuldige, die Mitschuld ist erdrückend, die bloße Erwähnung löst allergische Reaktionen aus – keine gute Zeit für kritische Literaten.

Wenn aufgeregte Massen das Land bevölkern, jugendliche Schlägerbanden in den Straßen unterwegs sind, fast jedermann beunruhigt, bange in die Zukunft blickt, muß ich mir überlegen, was ich sage. Ein falsches Wort kann wirken wie ein Funke im Pulverfaß. Im heutigen Deutschland ist es leicht, mit ein paar wohlberechneten Lügen die Ängstlichen zu seinen Anhängern zu machen, sich von ihnen hochspülen zu lassen, Macht an sich zu reißen. Wir erleben es jeden Tag. Es gibt wieder den Advokaten, der schlichten Zuhörern mit seinem Geschwätz Hoffnungen einzuflößen versteht, gehäuft bei radikalen Parteien, aber nicht nur dort.

Diese Unterart des Politicus ist besonders suspekt, der populistische Redner, wie er immer in politischen Krisenzeiten hochkommt, sicher ist ein Catilina darunter oder ein Clodius mit seinen Schlägerbanden. Für mich eine doppelte Gefahr, weil seine Anhänger die natürlichen Feinde des Schriftstellers sind, die Aliteraten, oft Analphabeten, ein quer durch alle politischen Lager verbindender Zuschnitt, vom pensionierten Stasi-Mann bis zum jungen Nazi. Eine zweite Gefahr liegt darin, daß manche, die mechanisch denken, unter Berufung auf die erste eine Einengung des freien Wortes fordern: Bloß das Unglück jetzt nicht herbeireden! Woran man dauernd denkt, worüber man spricht, das kann eintreten!

Es ist eine mittelalterliche Angst, die Furcht in der dunklen Spinnstube, wenn draußen der Wind heult und Zauberer und böse Frauen unterwegs sind, um Vieh und Felder zu verhexen. In diesem Augenblick trübt Argwohn den Verstand, man späht mit scheelem Blick umher, wer da ins Land kommt. Wer da laut vom Teufel redet, singt oder lacht.

Gebote der Einengung tarnen sich in Deutschland meist als «Vernunft». Um so mehr, wenn sich das Gegenteil dahinter verbirgt. Den mittelalterlichen Deutschen schien es ein Gebot der «Vernunft», Hexen zu verbrennen, Juden für die Pest verantwortlich zu machen und totzuschlagen. Oft geschah es gegen den Willen der Bischöfe wie bei den Pogromen in Mainz oder Speyer, das Volk selbst wollte es, keine Macht mußte es erzwingen. Es genügte, wenn etwa die Kölner Dominikaner oder der vom Judentum abgefallene Theologe Pfefferkorn dem Volk einredeten, an dem gerade stattgehabten Unglück – ich weiß nicht mehr welchem, vielleicht Seuche, Hagel, Mißernte – wären die Juden schuld. Oder im Talmud stünde, zu gewissen jüdischen Riten sei das Blut christlicher Kinder vonnöten. Die in den engen Gassen gespeicherte Angst schlug hoch wie eine Lohe, die biederen Kammacher, Schankwirte, Korbflechter verwandelten sich in Bestien, am Abend desselben Tages waren Hunderte Menschen erschlagen und Bücher, Folianten, Schriftrollen, Schätze jahrhundertelanger Kultur, verbrannt.

Um die Hexenverfolgungen zu begründen, erschien Ende des 15. Jahrhunderts ein lateinisch geschriebenes, gelehrtes – heute würde man sagen wissenschaftliches – Buch, der Malleus maleficarum, der «Hexenhammer». Papst Innozenz VIII. muß man ewig vorhalten, daß er es akzeptierte und die berüchtigte Hexenbulle erließ, aber Verfasser waren zwei Deutsche, die Patres Sprenger und Institoris. Auch hier wieder «Vernunft» und «Wissenschaft» als Begründung für etwas Irrationales, für Angst und sexuellen Sadismus.

Die heute gebräuchliche Formel heißt «politische Vernunft». Meine Schwierigkeit ist, daß ich aufgrund der Enge, die ich als Kind erlebte – welchem Deutschen meiner Generation ging es viel anders? –, mißtrauisch auf jeden Versuch der Einschränkung reagiere. Mit dem Wort «politische Vernunft» ist vor meinen Augen zu viel Unheil angerichtet worden. Die Symbole der Enge, mit denen ich aufwuchs, Mauer, Wachtürme, Tote, galten als Preis dieser «Vernunft», jahrzehntelang.

Enge ist eine ständige Bereitschaft, sich abzuschließen,

zurückzuziehen. Manche machen daraus – wie aus jeder Lage, in die sie unfreiwillig geraten – eine sogenannte «Moral», die Moral des freiwillig Verzichtenden. Wenn Druck ausgeübt wird, zieht sich der Moralische zurück, verkriecht sich, hält still in der Hoffnung, daß ihm dann nichts geschieht. Der Klügere gibt nach, sagt ein deutsches Sprichwort, das vielen Nicht-Deutschen nicht sehr plausibel klingen wird. Auch ich finde es nicht plausibel.

Der «Klügere» ist in Deutschland der gut Angepaßte. Man hat hier eigentlich nie verstanden, wie klug Außenseitertum sein kann, wie zu Zeiten lebensrettend. Für den einzelnen, aber auch für das ganze Land. Außenseiter gelten als schrecklich oder bemitleidenswert, der «Outlaw» ist kein Nationalheld wie bei Ihnen. Die Städte des Wilden Westens, aus denen Sie Ihren Vorrat an Romantik beziehen, lagen inmitten einer unendlichen Weite, man blickte durch schnurgerade, breite Straßen immer hinaus in die Landschaft. Die Staubwolke des Ankömmlings war immer zu sehen oder die des Davonreitenden. Das ist Ihr frühes Muster, nicht die verwinkelte Gasse.

Sie haben sich Ihre Enge erst später erschaffen, die Monsterstadt, die tödliche Schlucht zwischen den Hochhäusern, Tunnel, Rolltreppe, die beleuchteten Winkel und Höhlen, die Enge des Autos, des Mini-Apartments, des Fahrstuhls und wie alle diese Schreckensorte heißen. Diese Seite von Amerika, die lärmende, gedrängte, glitzernde, brennende, explodierende, hat mich nie interessiert. Sie hat aber fast alle meine deutschen Freunde fasziniert.

Vielleicht, weil es eine Mega-Enge ist. Enge, vervielfacht, vertausendfacht. Wie gegenüberstehende Spiegel einen kleinen Raum bis zur Illusion des Unendlichen vergrößern können. Es bleibt darum immer noch ein kleiner Raum, das

Spiegelland ist keine wirkliche Weite. Die kleine Alice «behind the looking-glass» ist auch nur aus der viktorianischen Enge in eine andere, zauberhafte Enge geflüchtet wie ihr bedauernswerter Erfinder, der Schriftsteller Carroll. Hier, in dieser Neigung zur Spiegelwelt, zur Vervielfachung des Kleinen, zum Exzeß des Engen, berührt sich das tüchtige Amerika der «White Anglo Saxon Protestants» mit Deutschland, aber auch nur hier.

Können Amerikaner Deutschland verstehen? Ist Ihnen dieses Land, das Sie im Zweiten Weltkrieg bekriegen, teilweise erobern mußten, je begreiflich geworden? Ihr Land trat ungern in den europäischen Krieg ein, niemand bei Ihnen hatte es auf diese Eroberung angelegt, Deutschland fiel Ihnen zu. Wie hat das Land auf Ihre Offiziere, Soldaten, Korrespondenten gewirkt? Einer, der es wissen könnte, der halb zu Ihnen gehörte und halb zu Deutschland, ein emigrierter jüdischer Schriftsteller aus Berlin, Hans Sahl, hat die Szene beschrieben: «Mein Wiedersehen mit Deutschland fand auf einem schwäbischen Marktplatz kurz nach Mitternacht statt. Jemand hatte mich gefragt, ob er mich im Auto mitnehmen solle. Nach drei Stunden hielt der Wagen. Fachwerkbauten. Mondschein. Ein Springbrunnen plätscherte, ein wenig zu laut und zu vorschriftsmäßig. Die hohen Pflastersteine glänzten im Mondlicht wie Totenschädel. Kein Mensch weit und breit. Ich erschrak vor der totalen Antwortlosigkeit dieser Szene im Mondschein.»

Mein Eindruck ist, sogar Hans Sahl konnte die Frage nicht beantworten. Er ging wieder nach Amerika, blieb innerlich Deutschland verbunden, kehrte später zurück, als sehr alter Mann. Die Stadt, in der er sich niederließ, glich der hier beschriebenen, es war Tübingen. Wir haben noch Briefe gewechselt, vor dem Hintergrund der wieder aufkommenden Nazis, er wünschte den Deutschen, sie sollten meine Bücher lesen. Auch er unterzog sich noch einmal der Mühe, Bücher in Deutschland zu veröffentlichen, man dankte es ihm, wie man es hierzulande versteht: mit Preisen und Ehrungen. Bald darauf starb er, 90 Jahre alt. «Bisher bin ich jedoch nicht», schrieb er mir kurze Zeit zuvor, «über mein Leiden an Deutschland hinausgekommen».

Die Szene auf dem nächtlichen Marktplatz zeigt aber, wie fremd ihm die Enge geworden war. Andere zurückgekehrte Emigranten haben ähnliches beschrieben, ein leises Befremden, eine sie selbst überraschende innere Kühle. Sie hatten im Exil um Deutschland gelitten, die Rückkehr war Gegenstand sehnsüchtiger Träume, nun standen sie – oft in amerikanischer Uniform – in den geträumten Kulissen und waren über sich selbst verwundert. Keine überwältigenden Gefühle. Zu lange in der Welt gewesen. Man kann dieses Land nicht vergessen, man kann es sich abgewöhnen.

Der Angepaßte, dieser traurige Nationalheld der Deutschen, liebt seine Enge, weil er sie mit Wärme verwechselt oder tatsächlich so empfindet. In der früheren DDR leiden viele Millionen an einem Höhlen-Komplex, an einer absurd übersteigerten Nesthockerei. Enge, örtlich empfunden. Es gibt sie auch zeitlich, als Anhänglichkeit an einen zeitweisen Zustand, von dem man sich eingebildet hatte, er müsse ewig sein. Der alte Unteroffizier in einer Erzählung von Tschechow schikaniert unbekannte Leute auf der Straße, man bringt ihn wegen Beleidigung vor Gericht, er versteht nicht, denn er hat nur getan, wofür ihn früher seine Vorgesetzten lobten. Die Zeiten ändern sich, und wir ändern uns mit ihnen. Das ist es, was vielen Menschen im heutigen Deutschland nicht gelingt.

Ich habe immer einen weiten freien Himmel gesucht und

lange gebraucht, bis ich ihn fand. Als ich noch nicht in den Westen und Süden reisen konnte, war ich gern in Rußland. Einmal fuhren wir von Leningrad, vormals und nachmals St. Petersburg, mit dem Zug nach Petrosawodsk in Karelien, die Fahrt dauerte die Nacht über, draußen nichts als Schwärze. Da oben ist es sehr leer, sehr kalt, große graue Seen hängen aneinander, wir fuhren noch endlos lange mit einem Schiff. Wir waren immer noch in Europa. Wenn du hier aussteigst, dachte ich beim Anblick kleiner, schilfiger Inseln, irgendwo in diesem Meer, bist du verschwunden. Hier findet dich kein Mensch.

Nun hatte es mit dieser Weite und Leere in Rußland immer etwas Zwiespältiges auf sich, dort oben waren auch KZ-Inseln gewesen, darunter das berüchtigte ehemalige Kloster Solowki, wo man den Petersburger Adel zu Tode gequält hat, die Priesterschaft, Tausende Frauen, junge Menschen. Das war noch vor dem eigentlichen, dem stalinistischen GU-Lag, in der Zeit der großen Utopisten Lenin, Trotzki, Bucharin, die bis heute eine weltweite Anhängerschaft haben. In dieser Weite lag ein unvorstellbares Grauen.

Aber es lag auch eine Möglichkeit in der Weite, eines Tages mit dem Grauen fertig zu werden. Ich habe den Russen immer zugetraut, daß sie sich eines Tages selbst, aus eigener Kraft, von ihrem Alptraum befreien. Mein Buch, das ich später im Westen über Rußland schrieb, geriet daher unversehens optimistisch. Obwohl ich mir und dem Leser nichts ersparte, vor allem nicht das Elend der russischen Künstler und Literaten in diesem Jahrhundert, das mich stark beschäftigte. Ich erinnere mich, mit welcher Erschütterung ich eins von Iwan Bunins letzten Gedichten las:

So glüh denn, sprühe, Farbenschimmer,
Du unauslöschlich ewger Stern
An meinem Grabe das für immer
Vergessen ist von Gott dem Herrn

Bunin starb in Paris, er hat Rußland nie wieder gesehen, seine Sehnsucht nach der verlorenen Weite ging in die wundervollen Erzählungen ein, für die ihm 1934 der Nobelpreis verliehen wurde. Über seinem Grab, das in der Enge gefangen ist, leuchtet der «glühende, sprühende Farbenschimmer» eines frühen Morgens in der Schneelandschaft, eines Sonnenuntergangs in der Steppe. Der junge Bunin war Gutsherr, viel auf der Jagd wie Turgenjew, er muß in der engen Pariser Wohnung gelitten haben. Ein anderer Russe aus diesen Kreisen, Vladimir Nabokov, lebte lange in Ihrem Land, ich weiß nicht, wie glücklich oder unglücklich, über Enge hat er jedenfalls nicht geklagt.

Aus der Enge führt nur ein Weg: sich ihrer bewußt werden. Es gibt Deutsche, denen das gelingt. Sie haben die Prägung überwunden, eine unbezahlbare Selbst-Erfahrung, und in besseren Zeiten weiß das Land aus ihnen und ihrer Erfahrung Nutzen zu ziehen. In schlechteren werden sie beargwöhnt, verfolgt, vertrieben – es ist, wenn man deutsche Geschichte kennt, ein sicheres Niedergangszeichen. Für das, was man oft in Deutschland mit Außenseitern, mit besonders begabten, exorbitanten Leuten macht, gibt es inzwischen ein englisches Wort: «mobbing». Viele, die in Deutschland «mobbing»-Opfer wurden, gehen dann gern aus der Enge in die Welt, meist ohne jedes Heimweh.

Den Schaden hat Deutschland, nicht der einzelne, der sich abwendet. Mir ist aufgefallen, daß Enge den, der ihr einmal entflohen ist, zeitlebens abstößt, während Weite den

84

Flüchtling immer wieder anzieht. Ich habe viele Deutsche über die Enge ihrer Herkunft, der Stadt, des ganzen Landes klagen hören, nie einen Russen oder Amerikaner über die Weite.

Die Weite, in der immerhin alle Möglichkeiten liegen, tröstete einst die verurteilten Dekabristen, die Adelsrevolutionäre des 19. Jahrhunderts am sibirischen Verbannungsort. Sie tröstete anderthalb Jahrhunderte später den GULag-Häftling Nisamedtin Achmetow, einen jungen Dichter, den die sowjetischen Herrscher 20 Jahre lang in eins der Lager sperrten. Als er inhaftiert wurde, war er 18. Irgendwann gelang es ihm, ein Kassiber in einem Baumstamm zu verstecken, der Baum gelangte per Schiff nach Hamburg, ein Hafenarbeiter fand den Zettel. Er warf ihn nicht weg, obwohl es ein lumpiges Stück Papier war, bekritzelt mit unleserlichen Zeichen. Der Internationale P.E.N. kämpfte Achmetow frei. Er war ungebrochen, hatte sich mit dem Rezitieren russischer Lyrik wach und empfindsam gehalten, mit Blok, Jessenin, Anna Achmatowa, bessere Gesellschaft ist ohnehin kaum denkbar. Dann selbst Gedichte verfaßt, ohne ein Blatt Papier. Sie wurden später in Deutschland veröffentlicht.

Auffallend war, wie sich der junge GULag-Häftling mit der Weite getröstet hat, die er außerhalb des Lagers wußte. Sie ist für ihn alles, was er nicht hat, was unerreichbar ist, die Wärme, die Freiheit, die Frau, er nennt sie sein «Blau». Das Gedicht fängt einfach an, «Blau ist der Himmel wohl hinter den Hügeln dort...», und steigert sich mehr und mehr zu einer Welt aus Blau, alles projiziert der ferne Himmel, auf den er starrt, in sein Inneres, er besitzt das alles, er ist reich in seinem entsetzlichen Elend.

Enge ist das Gegenteil: daß einem alles gehört und man

nichts davon hat, Schätze hortet, ohne sie zu genießen, in der vollgestopften, warmen Höhle sitzt und sich bettelarm fühlt. Enge ist Neid, denn es gibt immer noch etwas, das man gern hätte, und ein anderer besitzt es schon. Neid ist das Gift, das dem Wohlhabenden die Tage vergällt. Zudem uferlos, verhängnisvoll wie jede Sucht. Man beginnt, sich in seiner Sattheit öde zu fühlen, gereizt in seiner sicheren Enge. Täglich mehr, bis man eines Tages aufsteht, randvoll mit giftiger Wut, hinausläuft, Amok läuft.

Die jugendlichen Totschläger in Deutschland kommen in ihrer Mehrheit nicht aus dem Elend, sondern aus mittleren Schichten, nicht der Hunger treibt sie auf die Straße, sondern eine seelische Öde, für die es keine politische Abhilfe gibt. Ihre Zahl nimmt ständig zu, weil die Öde zunimmt, der innere Zerfall der Familien, der sozialen Beziehungen, der Horror vacui einer ins Leere gestoßenen Nation. Die Leere kommt aber nicht von außen, wie viele Deutsche meinen, ist nicht Folge einer ungnädigen Weltpolitik, der gegen Deutschland verschworenen Verhältnisse, sondern von innen. Man kann verlernen, das Einfache zu denken, erst recht zu tun, vor lauter Hoch-hinaus-Wollen, Führungsmacht-sein-Wollen, Größenwahn.

Wenn ich mich zu dieser Misere äußere, läßt sich eine Reaktion nicht vermeiden, die mir im tiefsten Herzen widerstrebt. Man fragt mich: Was schlagen Sie vor, was sollen wir tun? Ich bin als Literat nicht die richtige Adresse, meine Aufgabe ist, zu beschreiben, zu überliefern, heutige und spätere Leser nachdenklich zu stimmen, nicht Rezepte zu verteilen. Von denen wimmelt es ohnehin, sie werden an jeder Ecke ausgeschrien, meist falsche und verderbliche. Ich glaube auch nicht, daß ich – wie mir gesagt wird – meine Leser überschätze. Sie verstehen schon, was ich meine, auch ohne politische Wunderpillen. Die Briefe, die ich bekomme, haben mich dahingehend beruhigt.

Die Vorschläge, die ich zu machen hätte, sind unpolitischer Art. Die Totalität des Politischen halte ich in Deutschland ohnehin für gescheitert, es ist ein zu grobes, zu aktivistisches Muster, um seelischen Problemen gerecht zu werden. Die Deutschen müssen wieder lernen, im Kleinen anzufangen, in den Winkeln ihrer Enge, an den Wurzeln. Dort liegt das Elend verborgen, dort liegen auch die Lösungen. Eine geopolitische Situation, bedingt durch die Mauer, die Frontlage, die insgeheim kriegerische Situation, hat viele Deutsche zu der Annahme verführt, alle Lösungen kämen aus der großen Politik. Man hat sich als Dreh- und Angelpunkt der Weltgeschichte gefühlt, war es in mancher Hinsicht sogar, die Berliner Mauer war ohne Frage ein Jahrhundert-Symbol.

Zur Selbstüberhebung sind deutsche Mehrheiten ohnehin geneigt, und die Weltpolitik schien ihnen noch einmal recht zu geben. Im Westen wie im Osten war man Vorposten, Musterland, Schaufenster, hochgepäppelt von den Kontrahenten des Kalten Krieges. Und beidseits der Mauer mehr und mehr überzeugt, es müsse so sein, man hätte es sich selbst erarbeitet, man sei wieder wer. Vielleicht liegt darin die tragischste Folge der deutschen Teilung: daß dieses Volk noch einmal vierzig Jahre mit einem falschen, von außen geborgten, aufgeblähten, neurotischen Selbstgefühl lebte.

Ein Ost-Berliner Psychiater floh in den Westen und veröffentlichte dort ein Buch mit dem Titel «Die Berliner Mauer-Krankheit». In der Tat, die Mauer war eine Krankheitsursache. Wir verbrachten unsere Jugend unter psychisch Kranken – das ist, um es kurz zu sagen, das Problem meiner

Generation. Der verlorene Krieg hatte die Älteren menschlich entstellt, auf beiden Seiten warfen sie sich den Siegermächten in die Arme, im Westen den Amerikanern, im Osten den Russen, aber sie konnten mit ihrer Vergangenheit nicht fertig werden, sie nicht, wie ein unübersetzbares Modewort lautet, «bewältigen», solange die Berliner Mauer stand.

In meiner Kindheit und Jugend gab es kaum einen glaubwürdigen Erwachsenen. Am besten fanden wir unser Lebensgefühl in Kinderbüchern dargestellt, in denen keine Erwachsenen vorkamen, bei Saint-Exupéry oder dem unsterblichen «Winnie the Pooh», aber noch besser bei einer Reihe sowjetischer Autoren, die offenbar eine ähnliche Kindheit erlebt hatten wie wir. Wenn es versteckte Kritik am kommunistischen System gewesen sein sollte, hieß ihre Formel: Erwachsene sind Monster. Sie lügen, beschäftigen sich mit unsinnigen Dingen, verraten ihre Kinder. Auf sie ist kein Verlaß, am besten, wir lassen sie draußen.

Die 68er Generation in der Bundesrepublik muß ähnlich gefühlt haben, was sonst, sie war von ähnlich deformierten Erwachsenen umgeben. Darin lag später – selbst bei politischer Gegnerschaft – immer etwas Verbindendes. Zu Beginn unseres Lebens hatten wir eine Enttäuschung erlebt: unsere Eltern. Nicht unbedingt persönlich, obwohl meist auch das. Vor allem aber als Generation, als Lebensform. Was wir früh an ihnen ablehnten bis zur Verachtung, war die Enge. Man kann Enge so sehr hassen, daß man das Nichts bevorzugt. Gerade in der Jugend, wenn die Gefühle maßlos sind und man noch nicht begriffen hat, wie eng auch das Nichts ist. Ich sehe heute, da in Deutschland eine junge Generation nach mir herangewachsen ist, daß es ihr ähnlich ging. Für sie war nun wieder die 68er Generation ein qualvolles Erlebnis, eine neue Form von Einengung, ideologischer Bevormundung und kalter Rechthaberei. Eine neue Form von unglaubwürdigem Erwachsensein, diesmal «links».

Aus Mißständen, die anderswo eben noch erträglich wären, macht Enge ein Verhängnis. Der Nationalsozialismus wurde als Katastrophe erst perfekt durch das Zusammenwirken der faschistischen Grundzüge mit den dezidiert deutschen Ausprägungen. Der Faschismus hat anderswo keineswegs zu Auschwitz geführt. Auch der Kommunismus war anderswo lange nicht so verheerend wie in der DDR: das ganze Ländchen ein Friedhof der Seelen, jede jugendliche Regung zerstört und zertreten.

Wir fuhren nach Prag, Budapest, Warschau, um uns von unseren ostdeutschen Mitmenschen zu erholen, sogar bis Moskau oder Sibirien. Die deutschen Kommunisten waren die härtesten und prinzipientreuesten im Ostblock, nicht selten übertrafen sie die moskowitischen Anführer, die DDR sollte neben Rumänien letzte Bastion eines von Moskau längst aufgegebenen «Weltsystems» sein. Kein Menetekel wurde erkannt, nicht mal der Wink des scheidenden Genossen aus dem russischen Hauptquartier. Starre, Enge, falsche Treue, ängstliches Festhalten am Muster von Gestern – darin lag der deutsche Beitrag, das todsichere Ingredienz des Scheiterns.

Es ist all dies – «Rechts»- oder «Links»-Sein, sogar Radikal-Sein – immer eine Frage des Wie. Eine Frage von Maß und Relativität. Das Absolute, das deutsche Denker seit Jahrhunderten suchen, gibt es nicht, und selbst wenn es existierte, wir würden es nicht erkennen. Dieses schreckliche Jahrhundert zeigt, daß wir Mühe haben, das Einfachste, Nächstliegende zu begreifen. So viel Irrtum und Wahnsinn ist selten in so kurzer Zeit begangen worden, bei so viel Von-sich-eingenommen-Sein, so viel Überzeugtsein, man hätte das Wesen der Welt erkannt. Die Menschheit sollte für immer beglückt, die Erde auf ewig geordnet werden. Wir können froh sein, wenn wir noch einmal davonkommen, mit einigermaßen heiler Haut.

Im Erfinden der Vermessenheiten ging deutscher Geist voran. Über die Gaskammern will ich diesmal nicht sprechen, sondern über die geistigen Basen, von denen sich der entfesselte Techniker – noch ein Homo novus dieses Jahrhunderts – zu seinem Sturzflug erhoben hat. In der Tiefe findet sich ein Röhrengewirr, aus dem alles hervorging, der Fortschrittswahn dieser Epoche, Auschwitz, GULag, Vernichtung der Umwelt und was wir noch zu gewärtigen haben, das Hinweggehen über jede Überlieferung, Kultur, Natur, die späten Früchte der «Philosophen».

Das Maß fehlt. Wird man in Deutschland jemals begreifen, daß eine Idee ohne Maß nichts taugt? Ob im Osten, ob im Westen: ein Deutscher, der nie im Ausland gelebt hat, muß ein verkehrtes Bild von Welt und Menschen haben, ein falsches Gefühl für Proportion, wieder bis hin zum Spiegelhaften, diesmal im Sinn von Umkehrung, Negativierung aller Regungen. Der Häftling Kaspar Hauser ist ein deutsches Symbol: lange eingesperrt, gegen seinen Willen freigelassen, plötzlich an der frischen Luft, verstört über das auf ihn einstürzende Licht, die ihn erschlagende Weite. Jakob Wassermann nannte seinen Kaspar-Hauser-Roman im Untertitel «Die Trägheit des Herzens». Zu träge, um frei zu sein. Es ist wahr, jeder hat es erlebt, wenn er von draußen zurückkehrt: Unsere Sinne werden träge in diesem Land, das Herz kühlt aus, der Leib bekommt etwas Puppenhaftes, Starres.

Ich wurde Ihnen als deutscher Schriftsteller angekündigt. Ich muß mich fragen, ob ich das wirklich bin. Deutsch ist meine Muttersprache, die Sprache, in der ich meistens schreibe. Um ein Wort von Joseph Brodsky über Rußland und das Russische abzuwandeln: Ich glaube, das Beste, was Deutschland besitzt, ist seine Sprache. Diese Sprache ist ein Ort, an dem ich mich zu Hause fühle. Aber nicht der einzige. Muß Zuhause etwas Einmaliges sein?

Auch Sprache ist Weite, jedenfalls, wie ich sie verstehe. Für weites Schweifen und Abschweifen ist das Deutsche besonders geeignet, Widerpart zur deutschen Realität, überhaupt voll Widerstand, dadurch gegen andere Sprachen ausgezeichnet.

Das Russische ist gefühlvoller, großartiger, das Englische kühner und witziger, das Italienische noch im profansten Satz voller Musikalität. Aber das Drängen, Ausbrechen, Sich-Widersetzen ist im Deutschen zu Hause, diese Sprache ist ungestüm, flatternd, ein wenig gespenstisch oder, wie es unübersetzbar bildhaft in der Ihren heißt, «a little bit spooky».

Aber Sprache ist auch Maß. Ich will nicht, was zufällig an Gedränge, Geflatter in meinem Kopf ist, vor Ihnen hinmachen, ausschütten, auf Sie loslassen. Obwohl das heute modern ist, weltweit, jedenfalls westlich-weltweit, noch genauer: protestantisch-westlich-weltweit. Gerade im Deutschen, wo es für Leidenschaft gilt. Den Sozialismus rechne ich hier der Einfachheit halber zum Protestantischen, als eine besonders konsequente Ausprägung. Oder inkonsequente, das müßte man genauer untersuchen. Je nachdem, ob man der Liberalität den Vorrang einräumt oder der Egalität. Genug, es ist eine Abschweifung, eben will ich Ihnen sagen, wie wichtig Maß ist. Alles muß eine Form gewinnen, ich, die Sprache, das ganze Land. Schwelgerei im Formlosen, Maßlosen bleibt Barbarenkram.

Einen deutschen Schriftsteller kann ich mich also nennen: Ich beschäftige mich täglich mit der deutschen Sprache, sogar im Ausland, weit über das Maß hinaus, das im heutigen Deutschland üblich ist. Auch geboren bin ich in Deutschland wie schon meine Großmütter. Es genügt nicht, nach allem was war, um noch Heimatgefühle zu empfinden, die außerhalb der Sprache liegen. Ich habe hier gute Freunde, aber die habe ich auch in London, Jerusalem oder Moskau. Man hat mich gelehrt, dieses Land Heimat zu nennen, vergebens. Da «politische Vernunft» meine Sache nicht ist, nehme ich es hin.

Mir ist anderswo einfach wohler, der atmosphärische Druck fehlt, den ich sofort fühle, sobald ich nach Deutschland komme, und der mich erst wieder verläßt, wenn ich abfliege. Das Leben in Deutschland ist von brillanter Technik beherrscht, man scheint auf diese Art Spielerei ausgewichen zu sein, seit sich das Verhängnisvolle der Denksysteme auf anderen Gebieten erwiesen hat. Dagegen wäre wenig zu sagen, hätte man diesmal Maß halten können. Dort, wo ich jetzt gerade herkomme, sah ich die Grasbüschel auf dem Rollfeld des Flughafens sprießen und dachte: in München oder Berlin undenkbar. Deutsche Flughafen-Spezialisten oder wie immer ihr Titel ist, würden mir antworten, daß diese Grasbüschel ein Sicherheitsrisiko darstellen. Es wäre ihre Art «vernünftiger» Begründung. Sie würden es ganz ernsthaft behaupten, obwohl keine Maschine je aus diesem Grund verunglückt ist.

Es ist diese unbegreifliche Angst vor dem Grashalm, die deutsches Wesen bis heute kennzeichnet. Überhaupt das immerwährende Angst-Haben, Mit-der-Angst-Leben,

Über-Angst-Sprechen, Vor-der-Angst-Angsthaben. Man hat Angst davor, wie man ist, wie man sein könnte, wie andere einen sehen. Angst beim Auf-die-Straße-Gehen, beim Betreten geschlossener Räume. Vor der Vergangenheit, vor der Gegenwart. Neuerdings spricht das halbe Land über die Angst vor der Zukunft. Die andere Hälfte ist zu ängstlich, überhaupt daran zu denken. Die Mauer wäre ein Memento der Angst gewesen, hätte man sie als solches stehenlassen, man hatte aber auch davor Angst.

Vielleicht war sie ein Sicherheitsrisiko, jedenfalls ist sie zu rasch verschwunden. Geschichte läßt sich nicht verbringen wie ein Mordopfer, nicht aus der Welt schaffen, indem man ihre Mahnmale abträgt oder anzündet. In Jerusalem laufe ich gern auf der Mauerkrone rings um die Altstadt. Diese Mauer steht seit Jahrhunderten, ich blicke durch ihre Zinnen über das Land, es ist ein einzigartiger, unvergeßlicher, nur an diesem Ort denkbarer Ausblick.

Aus Angst berauben sich die Deutschen dessen, was sie an Einzigartigem besitzen könnten. Ich weiß nicht genau zu sagen, worin es besteht, aber es muß existieren, jedes Volk wurde damit beschenkt. Ein Fall von Selbst-Beraubung. Seither wollen sie es immer wie die anderen machen, und damit nicht so auffällt, daß es nicht das Eigene ist, muß man es im Ausmaß übertreiben. Noch philosophischer sein als die Erfinder der Philosophie, noch nationaler als die Nationen, noch technischer als Technopolis.

Angst ist der Tod der Individualität. Die Pointe meiner Rede wird sie nicht überraschen: Enge und Angst sind ein und dasselbe. Die Wörter sind Synonyme, sie stammen aus einer gemeinsamen Wurzel, aus einer der tiefsten, ältesten, älter als unser Menschsein. Angst hat das in die Enge getriebene Tier. Ich sagte schon: Man kann sich an die Enge gewöhnen. Man fühlt sich schließlich unvollständig ohne sie. Wenn kein Feind da ist, der einen bedroht, wird er erfunden.

Ist Ihnen Deutschland, Ihr früherer Gegner, Ihr rätselhafter Verbündeter, verständlicher geworden? Ich bin kein politisch denkender Mensch, ich habe Gedichte und Romane geschrieben, Bilder gemalt, Landschaften, Menschen, Bäume, Tiere beobachtet – all das hat mich stets mehr interessiert als Politik. Ich glaube, daß Poesie und Kunst ein höheres menschliches Prinzip verkörpern als das politische, ich halte den absoluten Vorrang des Homo politicus vor dem Homo ludens und Homo faber für eine gefährliche Schlagseite unserer Gesellschaft. Das Politische hat auch die Sprache an sich gerissen. Wir führen die Attrappen-Diskussionen, die uns die Politiker aufdrängen, reden im Politik-Jargon mit, sonst kämen wir überhaupt nicht mehr zu Wort.

Auch ich habe mich diesem Muster gebeugt. Diesmal muß ich es verweigern und unpolitisch antworten. Was sollen wir tun? Im Kleinen anfangen. An der Wurzel, in der Tiefe. Bei eurer Angst. Immer wird sich einer finden, der euch an dieser Stelle packt. Versucht es ohne sie. Ich habe Ihnen beschrieben, wie die Deutschen mit der Berliner Mauer lebten und sich mit ihr einrichteten. Sie taten es mit einer Ausgiebigkeit, einem Einfallsreichtum, einer Hartnäckigkeit, die Liebe verrieten. Liebe zur Mauer. Eine dem Außenstehenden schwer verständliche Liebe, schon in den Wurzeln verquickt mit Angst.

In einem amerikanischen Lied heißt es: Someone made a bigger plan. Die Mauer fiel, bald darauf überkam die Deutschen eine neue Angst: vor der Einheit, davor, daß sie plötzlich in einem großen, ausgedehnten, mächtigen Land leben. So wenig ich im Augenblick mit ihnen anfangen kann, eins muß ich ihnen zugute halten: Sie hatten nie Gelegenheit, sich an Weite zu gewöhnen. Wir müssen ihnen dafür Zeit lassen und abwarten. Von meinen fernen Vorfahren habe ich gelernt, daß uns Hilfe nur dann zuteil wird, wenn wir sie für möglich halten, einfacher gesagt, wenn wir glauben.

NATION IST KEINE INSEL

Einst, in meerblauer Dämmerung, muß dieses Wort unschuldig gewesen sein. Die lateinische Wurzel ist «natus», geboren, von daher «natio», Volksstamm, wie auch «natura», Natur. Ein fundamentales europäisches Wort. Die frühe Gemeinsamkeit beider Begriffe – Natur und Nation – ist heute schwer vorstellbar, nachdem Nation in der jüngsten Geschichte der Vorwand für so viel Unnatürliches gewesen ist.

Nation ist keine Obsession der Deutschen. Der Begriff beschäftigt auch andere Völker, gerade in diesen Tagen, im nachkommunistischen Europa, manche mit weit größerer Leidenschaft, manche bis hin zum Krieg. Übernationale Gebilde sind an diesem Begriff gescheitert, alte Grenzen von neuem gezogen worden, die Karte Osteuropas erinnert wieder an Kleinstaaterei.

Wenn Nation den gemeinsamen Ursprung eines Volkes bezeichnen soll, das «Gebürtige», in einer späteren französischen Ableitung «Naive», müssen wir tief hinabsteigen in Geschichte, Vorgeschichte, in Religion, Legende und Mythen. Ein Unternehmen, das viele Europäer fürchten. Italienern oder Griechen fällt die Herleitung am leichtesten, sie definieren sich aus den alten Kulturnationen, von denen sie abstammen, deren Bilder jeder vor Augen hat.

Denn ein Begriff hilft nicht viel, wird er nicht mit Leben erfüllt, mit etwas Sinnlichem, Sichtbaren. Das Pantheon in Rom ist ein solches Bild, wer es je gesehen, berührt hat, weiß, was heutige Italiener meinen, wenn sie «nazione» sagen. Ein Bild mit klarer, dauerhafter Kontur. Anderen, etwa den Briten, kam die Insellage zu Hilfe oder, den Spaniern, der schützende Riegel eines Gebirges.

Und Deutschland? Zuerst die unbestimmte Lage. Mitten in Europa. Von mehreren Seiten offen. Immer mit schwankenden Grenzen. Der Dreißigjährige Krieg macht das Gebiet zur Walstatt Europas. Den Rest besorgen deutsche Expansionsgelüste, die ungewisse Randgebiete schaffen, das Elsaß oder Teile von Polen, um sie wieder zu verlieren, gewinnen, verlieren, so durch die Jahrhunderte. Klaren Abschluß gibt es nur im Norden durch das Meer, im Südwesten durch die Alpen, sonst wenig Anhaltspunkte, ein paar Flüsse, mittlere Gebirge – eine vage Gestalt.

Was ist, wo liegt Deutschland? Woran will man sich orientieren? Was hatte hier jemals Bestand? Auch im Historischen wieder nur flüchtige Anhaltspunkte. Das einst Gewesene durch spätere Zwischenfälle, Zusammenbrüche, drastische Gestaltwechsel verblaßt. Fast schattenhaft. Karl der Große hatte ein Reich geeint, hin und wieder entsteht eine Kontur. Aber die meisten Versuche endeten tragisch: Konradin. Oder waren kurzlebig: das Hohenzollern-Reich.

Im Überblick ist der deutsche Nation-Begriff der immer erneuerte Versuch, herauszufinden, was die Deutschen eigentlich verbinden könnte. Zur dubiosen Geographie kommt innere Zerrissenheit. Jahrhundertelang hatte das Einende in Krieg, Gewalt, räuberischem Überfall auf Nachbarn bestanden, wobei die Chronisten die ewige Eifersucht der einzelnen Stämme betonen, die Bereitschaft, einander im Stich zu lassen, übereinander herzufallen.

Nicht nur geographisch und von den Stämmen her ist das Gebilde fragil. Schon früh fällt eine Neigung der Deutschen auf, alles, was sie unter Mühen aufbauen, kurz darauf wieder zu zerstören, in Anfällen von berserkerhafter Wut. Sobald eine gewisse Kulturstufe erreicht ist, kommt es periodisch zu Ausbrüchen von Abscheu und Panik.

Das Chaos dieser Geschichte macht die Suche nach der Nation zum Gegenstand für Tiefenforscher, die sich durch immer neue Schichten von Verschüttung graben müssen. Auch heute spricht die Beschäftigung mit dem vertrackten Thema «deutsche Nation» für Unverzagtheit, für ernsthaften, in manchen Fällen guten Willen. Sie ist jedenfalls sinnvoller als der Versuch, das Thema zu leugnen, und könnte – wo sie nicht in etwas Fatales umschlägt – der Anfang hilfreicher Selbstbetrachtung sein.

Für das heutige Europa ist der Begriff erneuert worden, aufgefrischt durch die bürgerliche Revolution. Es war ein Rückgriff auf das fundamental Europäische, Lateinische wie die ganze bürgerliche Begriffswelt, wie Republik und Demokratie. Doch dieser bürgerliche Nationalstaat wurde für Deutschland wiederum zum ungelösten Problem, trotz aller Versuche und Anläufe seit gut zweihundert Jahren.

Mit diesem Zeitraum ist nicht die politische Macht der Bürger umrissen, die in Deutschland viel jünger ist, sondern ihr vorbereitender Auftritt im deutschen Denken, in der Literatur. Zuerst die Schwärmerei als Sehnsucht nach dem Grenzenlosen in einem von Grenzen zerstückelten Land. Der Sturm und Drang folgt, ein vehementer Anlauf. Dann der Frankfurter Kaufmannssohn Goethe und sein über ganz Deutschland gebreitetes Netzwerk. Die literarischen Korrespondenten und Schöngeister, die in Wahrheit politisieren.

Zwischen dem Reich Karls des Großen, einem frühen Versuch «europäischer Integration», und der Neuzeit lag der tiefe Einbruch der Reformation, des Dreißigjährigen Krieges, der darauffolgenden Verödung und Isolation. Für alle feineren Strukturen eine verheerende Periode. Man lese Zeugnisse dieser Zeit, um sich vor Augen zu führen, was das heißt: Deutschland, ganz auf sich selbst zurückgeworfen.

Ende des 18. Jahrhunderts sind erste Zeichen der Erholung erkennbar, das Elend wird benannt, beklagt. Aus einer Sehnsucht nach geistiger Öffnung wird die Bereitschaft, Fremde zu dulden, mit ihnen zu leben. Die Familie Brentano kommt vom Comer See herauf, verschwägert sich mit den aus Frankreich stammenden, inzwischen eingedeutschten LaRoche, mit preußischem Adel, mit den Arnim, Savigny, verbindet sich mit Wieland, Tieck, dem Maler Hensel, den Brüdern Grimm. Man erinnert sich der gemeinsamen Ursprünge, reicht sich die Hände über Ländergrenzen. Ein Figurenensemble entsteht mit Dichtern, aufgeklärten Fürsten, Mäzenen, tief und fest verwurzelt in Europas Kultur, gedacht als ein Netz, das den Absturz in die Schlünde des Barbarischen für lange Zeit verhindern soll.

Die deutschen Bürger sind der Zerrissenheit leid, wollen sich frei bewegen, frei handeln und wirtschaften. Die Langsamkeit der Deutschen im Aufnehmen und Verstehen eines einfachen, plausiblen Gedankens hält diese Entwicklung auf, es dauert noch hundert Jahre, bis sich das Bürgertum durchsetzt wie anderswo längst, im Grunde geschieht es zu spät. Die jugendfrischen Zeiten der Volksherrschaft à la française sind vorüber, als die Deutschen endlich eine haben.

Von Anbeginn hat daher die deutsche Republik etwas Krisenhaftes, Kränkliches. Vielleicht weil man, nach so endloser Verspätung, zu viel von ihr erhofft. Zur Frage Nation darf ihr Verhältnis nur provisorisch sein, das Nationale reklamieren ihre inneren Feinde für sich, geben es nicht aus der Hand, hüllen es in vorbürgerliche, kriegerische Gewänder. Sie bleiben reich an Zahl, Stärke, geheimer Macht und proklamieren ihren Haß auf «Weimar» ganz offen. Die Nazis können von einer «Judenrepublik» reden, so unpopulär war das Experiment in den zersplitterten Provinzen und Stämmen, so verhaßt in den kleinen Nestern.

Das Bürgerliche im guten Sinn, das Gemäßigte, Nüchterne, Humane mit seinem Code civile und seiner Liberalität konnte sich in Deutschland nie wirklich durchsetzen. Ebensowenig das bürgerliche Verständnis von Nation. Bei allem, was die «Moderne» inzwischen ihrerseits an Schaden angerichtet hat, muß ich an ihre Tugenden erinnern, an die Toleranz, das Miteinander-auskommen-Wollen, das Friedfertige, das sie ins Zusammenleben der Völker einzuführen versucht. Das deutsche Volk, das diesen Lernprozeß bitter nötig hätte, kann sich ihm von Anfang an nicht öffnen: Die einfachste Voraussetzung fehlt, die innere Ruhe und Einheit, die Nation.

Deutschland war seit 1871 geeint, doch unter der Oberfläche von Bismarcks Reich ging das alte Gezerre und Geschiebe weiter, Zollunion und Wegfall der Schlagbäume machten noch kein neues Selbstgefühl, die Gewohnheiten erwiesen sich als stärker. Da innere Kriege nicht mehr erlaubt waren, geriet das ganze machtvolle Gebilde unter Druck und drängte nach außen. Bestürzend, wie alle Schichten des Volkes von diesem Drängen erfaßt wurden, wie elementar der Ausbruch, wie fast einhellig die Sehnsucht nach dem auswärts gerichteten Krieg. Der erste Weltkrieg wurde ein nationales Ereignis, ein populärer, geliebter Krieg, man begann ihn unter Jubel und hing an ihm bis zum bitteren Ende. Zum ersten Mal zeigte sich die Verkopplung zweier Zustände, die seither viele beargwöhnen, als gehörten sie bei diesem Volk naturgemäß zusammen: Einheit und Aggression.

Dieses Mißtrauen tauchte 1991 wieder auf, anläßlich des neuesten Versuchs einer Einheit, bei Deutschen wie Ausländern. Zwei Weltkriege gingen von deutschem Boden aus, zweimal in diesem Jahrhundert hat sich erwiesen, daß ein geeintes Deutschland gefährlich ist, daß dieses Land dazu neigt, seine inneren Spannungen nach außen zu kehren, hinterrücks seine Nachbarn zu überfallen, Europa zu verwüsten. Theorien über österreichische, britische, später sowjetrussische Mitschuld am Ausbruch der Weltkriege mögen bei deutschen Historikern erneut Konjunktur haben, sie können doch niemals vergessen machen, daß Deutschland diese Katastrophen ausgelöst hat, zum eigenen Schaden, aber nicht nur zum eigenen.

Der neue deutsche Nationalismus nährt sich aus der Behauptung, daß der Argwohn des Auslands kränkend sei, überhaupt Deutschland ein Opfer übler Nachrede und ungerechter Zurücksetzung. Es ist das alte Muster, dessen chronischer Mißerfolg in der Geschichte erwiesen ist und das dennoch immer wieder anlockt.

Für die Deutschen wäre es klüger, aus dem Bild, das andere von ihnen zeichnen, zu lernen, selbst wenn dieses Bild wenig schmeichelhaft ist. Es waren immer die besten Zeiten für Deutschland, wenn gelernt wurde. Beim Buchstabieren, Zuhören, Schreiben mußten der gehörnte Helm, der den Blick versperrte, das Schwert, das die Hand blockierte, zeitweise abgelegt werden. Unter Karl dem Großen verwandelte sich das Reich in eine Schule. Wie es Mode werden kann, dumm zu sein, kann zuweilen auch das Gegenteil eintreten. Dichter und Gelehrte waren angesehen wie nie wieder, Bildung galt als Zeichen höherer Menschlichkeit. Der Kaiser ging mit gutem Beispiel voran und lernte in vorgerücktem Alter schreiben.

Von seinen Nachbarn lernen, ist eine Möglichkeit, mit ihnen zu leben, auch wenn sie skeptisch sind. Nachholbedarf besteht um so mehr, wenn sich in der eigenen Geschichte fast ausschließlich katastrophenträchtige Muster finden. Allerdings ist nur der Starke, Gefestigte in der Lage, seine Kritiker zu ertragen, ein Schwächling wird sie hassen.

In der Unfähigkeit, ihre Kritiker, außen wie innen, zu dulden, spricht die heutige deutsche Nation ungewollt ein Urteil über sich selbst. Es ist wohlfeil, sich auf die Brust zu klopfen – «unsere Wirtschaft», «unsere Währung», «unsere Tüchtigkeit» –, aber nicht hilfreich. Mit den Eigenschaften, auf die man pocht, kann es morgen vorbei sein oder schon heute. Unter diesen Umständen bedeutet es die Rettung, wenn man ein anderes, weniger großspuriges Selbstgefühl geübt hat.

Jahrhunderte der Zerrissenheit hatten dem deutschen Begehren nach Einheit alles Selbstverständliche genommen, alles Natürliche, das im Ursprung mit dem Begriff verbunden sein sollte, und wo das Selbstverständliche dahin ist, müssen Theorien einspringen. Zum Thema Nation kommen sie schubweise. Mal ist das Wort tabu wie in den letzten vier Jahrzehnten – nachdem es davor annähernd zu Tode strapaziert worden war – und kommt wieder empor, in Aufbrüchen, unter glaubhaften Schmerzen. Was in der Nazi-Zeit geschehen ist, kann man Menschen, die zwei, drei Jahrzehnte später geboren wurden, nicht in persona zum Vorwurf machen, man kann es allenfalls einer zeitlosen Gesamtheit zur Last legen, eben dem Corpus, den viele Deutsche jetzt unbedingt wieder bilden wollen: Nation.

So könnte in diesem «Streben zum Ganzen» ein Verantwortungsbewußtsein verborgen sein, ein Eingestehen der Geschichte, wie sie war. Nation-sein-Wollen könnte heißen:

Wir erkennen unsere Geschichte an, auch die elenden und schuldbeladenen Perioden. Wir wissen, daß die Neigung zum Katastrophalen ein Bestandteil unseres Seelenlebens ist, vielleicht bleibt, solang es uns gibt. Das deutsche Wort «Seele» hat denselben Stamm wie «See», noch im Mittelalter bekannte man sich zum Wildbewegten, rastlos Wogenden in sich und nahm es hin.

«Seele» bezeichnete das Selbstgefühl, ein ungebärdiges, unstetes Volk zu sein. Spätere Theoriegebäude haben die Wahrheit solcher frühen Selbsterkenntnis zu verwirren versucht – vergebens. Im schlichten Erschrecken über sich selbst lag mehr Wahrheit als in späteren Versuchen, daraus etwas Grandioses zurechtzuzimmern, das dann immer wieder in Trümmer ging.

Erwachsenwerden heißt nicht renommieren, «Führungsmacht» sein wollen, der Lauteste, Stärkste oder Dickste. Es heißt schlicht lernen: mit sich zu leben, wie man ist, mit den Gefahren, die man in sich weiß. Deutsche Dichter, oft Opfer ihrer Zeitgenossen, haben sie besser als jeder gekannt, von «Abgründen» ist bei ihnen die Rede, von «Gottverlassenheit», «Roheit», «Enge», «wilder Wut». Öfter lesen. Die eigene Literatur gibt alles her.

Niemand kann, niemand will den Deutschen verwehren, Nation zu sein. Sie haben ein Recht dazu wie andere, denen dieser Status etwas bedeutet, zum Beispiel Franzosen oder Russen. Sie haben um so mehr Grund dazu, als wenigstens ein Teil des Landes vom Kommunismus heimgesucht war, einem gescheiterten «internationalistischen» Konstrukt.

Die Rückbesinnung auf Nation als mögliches Muster war verständlich und wurde erst untauglich durch die Idee, als Nation auch gleich «Führungsmacht» zu sein, nur weil der Westen des Landes eine gut funktionierende Wirtschaft hatte. Das Wort Nation, kaum wieder in Umlauf, gewann einen fordernden Ton, als wäre die Geschichte den Deutschen etwas schuldig.

Die Sehnsüchte verbargen sich in Schlagworten wie «aufrechter Gang» oder «Normalität». «Aufrechter Gang» ist eine verspätete Ambition, für andere Völker seit der Menschwerdung keine Frage. Auch die Forderung nach «Normalität» klingt bedenklich. Das «Normale» hat ein Pendant, das «Anomale», «Abnorme». Mit diesen Termini ist der schrecklichste Mißbrauch getrieben worden, unvorstellbarer Mißbrauch, der sich einem Anderssprachigen kaum erklären läßt. «Endlösung der Judenfrage», Euthanasie, überhaupt alle Programme der «Reinheit» und «Säuberung», der Wahn jener Jahre. Die Worte «abnorm» und «anomal» waren stets dabei, jedoch nicht um den eigenen Zustand zu kennzeichnen, sondern als verbales Mordinstrument gegen jeden, der anders ist.

Das Wiedereinführen der Totschlagsformel über den Umweg ihres Pendants hat etwas Imfames. Auf den ersten Blick spüre ich Gefahr. Auf den zweiten Blick eröffnet das Wort einen Abgrund an Selbstverachtung. Wenn die Deutschen jetzt «normal» werden wollen, was waren sie, ihrer Ansicht nach, bisher? Wie beim «aufrechten Gang» ist die Selbstwertstörung erschreckend. Wo sie auftritt, kann ihr Umschlagen ins Gegenteil, den Größenwahn, nicht fern sein.

«Aufrechter Gang» – solche Formeln sind Übergangslösungen. Entweder werden sie demnächst verschwinden, oder sie sind Vorboten von Schlimmerem. Alles, was sich im heutigen Deutschland um das Wort Nation gruppiert, ist Material in Bereitschaft. Wie immer ist der Übergang vom verständlichen Versuch, Nation zu sein, zum verbohrten

Nationalismus fließend. Der Nationalismus ist stark im An-
schwellen, ein trübes Gewässer, in dem alles mögliche mit-
schwimmt. Aber er muß noch mit Widerständen rechnen,
mit stärkeren als vermutet. Daher bleiben die Termini be-
deckt wie Artillerie unter Tarnplanen. Doch die Konturen
lassen sich ahnen, es sind die bekannten schweren Ge-
schütze mit der Neigung, nach hinten loszugehen.

Wenn die traditionellen Muster nicht taugen – welche
neue Bestimmung könnte Nation haben, genauer «deutsche Nation»? Was kann es heute sein, das dieses große
Land eint, welche gemeinsamen Interessen? Über das
Obskure, Molluskenhafte seines Wesens ist Deutschland
keineswegs hinaus. Die Konturen haben sich schon wieder,
zum soundsovielten Mal in einem Jahrhundert, dramatisch
verändert. Wieder waren deutsche Stämme untereinander
verfeindet, auf Leben und Tod. Wo findet man sich, wo
wäre Nation, dieses immer wieder mißbrauchte Wort, mit
Leben erfüllt?

Nation meint Tieferes als Politik, etwas Zeitloses, Dau-
erndes: den Zustand der Landschaften, Sprache und Kultur, die Beziehungen der Menschen untereinander, die
Liebe zu ihren Kindern, einen ernsthaften, nicht mehr frag-
lichen, auch nicht pathetischen Respekt vor diesen Bindungen, die Bereitschaft, ihnen zuliebe – wenigstens bei Gelegenheit – vom eigenen Vorteil abzusehen.

Wenn man daran Nation mißt, ergibt sich für das vereinigte Deutschland ein trauriges Bild. Was ich feststelle, gilt
nicht für jeden und an jedem Ort, doch in der Tendenz. Der
Zustand der Landschaften ist erbarmungswürdig. Die Sprache verödet. Die Beziehungen der Menschen äußern sich
darin, daß sie ein Leben als «Single» jeder anderen Existenz-
form vorziehen, Kinder wollen sie erst recht nicht haben,

und die einzige Bereitschaft, die überall zunimmt, ist die, sich selbst ausgiebig zu bemitleiden.

Wer von Nation spricht, in welcher Sprache immer, sollte zunächst bei sich beginnen, mit der Frage: Wie halte ich es? Besonders Deutsche neigen dazu, aus diesem Wort ein Abstraktum zu machen, eine leere Hülle, um die sie sich parteiweise zanken, mit der sich gesichtslose Parvenüs ein Profil geben wollen. Ich höre dieses Wort auf deutsch von Leuten, deren Lebensform ein einziges Vernichten von Landschaft, Kultur, jahrhundertelang Gewachsenem ist, die nichts unter Gottes Himmel achten als sich und ihren Bauch, nichts zum ewigen Kreislauf beitragen als Geschwätz und viel Müll.

Ein solches Manko an allem, was den Begriff Nation mit Leben erfüllen könnte, läßt das Bedürfnis nach Kompensation entstehen. Die europäischen Nachbarn wissen und erinnern sich, wie gefährlich solche kompensatorischen Ausbrüche sind. Die Reaktionen sind verschieden. Der eine warnt und erinnert, ein anderer versucht es mit begütigendem Zureden, der dritte mit einer Huldigung an die Gutwilligen des Landes, sie zu stärken und zum Einschreiten aufzufordern.

Sichtlich brauchen diese Gutwilligen die Aufmerksamkeit des Auslands, um sich der dunkel rumorenden Kräfte zu erwehren. In Wahrheit braucht ganz Deutschland das Ausland, und bald wird sich zeigen, in welchem Maß. Zu den auffallendsten Verirrungen des vereinigten Landes gehörte der Wahn, man könne nun von oben herab mit den Nachbarn verkehren, womöglich mit der Abschließung drohen, mit dem Alleingang.

Liberale deutsche Historiker des 19. Jahrhunderts, um in der Bismarck-Ära nicht ganz dem Nationalismus das Feld zu überlassen, sind der Frage Nation mit Gründlichkeit nachgegangen. «Der einzelne und das Volk», «das Volk und der einzelne», «Staat, Kirche, Wissenschaft, Kunst und Industrie», alle «Wechselwirkungen», «Strukturen», «Beziehungen». Man mutete sich weiteste Rückblicke zu, bis nach Ägypten, Griechenland, Rom, in die sagenhaften Staatswesen, aus denen das heutige Europa erwuchs.

Das Verbindliche, Kennzeichnende, fanden jene Historiker, sei das Individuum gewesen, die kreative Menschenkraft des einzelnen. Je weiter das Individuelle gedeihen konnte, um so stabiler und dauerhafter das Ganze. Darin lag die Idee Europa, in seinen Staatswesen ist sie – unzulänglich, aber immer um Verbesserung bemüht – manifest geworden. «Individualismus», dieses den Ordnungsfanatikern schreckliche Wort, meint weiter nichts als die größte Spannweite des Humanen, die innerhalb einer Gesellschaft möglich ist, das ständige versuchsweise Ausweiten des Spielraums, den sich der einzelne zum Wohl des Ganzen erkämpft.

«Ungeheuer ist viel», schrieb ein griechischer Tragödiendichter, «doch nichts ungeheurer als der Mensch». Es ist, als Basis des europäischen, immer noch dieses antike Bild, zu dem wir uns bekennen, die Einzigartigkeit eines jeden, der unendliche Reichtum, den wir in uns tragen, falls wir tapfer genug sind, mit ihm zu leben. Es ist das Gegenbild zur paramilitärischen Bande, zur massenhaften Einmütigkeit, zum Partei-Apparat. Es ist in Deutschland noch immer ein revolutionärer Entwurf.

Der Versuch der Deutschen, Nation zu werden, muß sich einfügen in die gewachsene europäische Landschaft. Wann immer sie ohne diese Voraussetzung vorgingen, haben sie ihr Land in den Ruin getrieben und meist einige Nachbarländer dazu. Nation ist keine Insel. Das einzelne Volk bleibt gebunden an seine Vergangenheit, seine Landschaften, lebt in seinen eigenen Klängen, seinen Wünschen. Bleibt ebenso unentrinnbar mit den Nachbarn verwoben, in guten wie in schlechten Zeiten. Und kein Weglaufen möglich. Deutschland liegt, wo es liegt, ein wenig dubios in Europas Mitte.

Nation stellt eine höhere Form des Zusammenlebens dar als die wilde Horde, der räuberische Stamm. Die Menschen, die sich einer Nation zugehörig nennen wollen, müssen ihr Land lieben, nicht bloß sich selbst und die nächsten Kumpane. Sie müssen an morgen denken, indem sie ihre Kinder lieben. Und ihre Landschaften, auch wenn einmal kein Gewinn aus ihnen zu ziehen ist. Sie müssen freundlich, wenigstens höflich zu Fremden sein. Respektvoll gegenüber ihren Dichtern und Künstlern, die das Bild der Nation bei der Nachwelt bestimmen. Die Nachbarn verstehen lernen, sie nicht in ewigem Wahn für Feinde halten, für Bettler oder Diebe.

Die anderen, höre ich heute in Deutschland, dürfen auch Nation sein, warum wir nicht? Die Frage ist eher, ob die Deutschen dazu imstande sind. Vor anderthalb Jahrtausenden war ein großer Kaiser, unter dem es tatsächlich einmal ein deutsches Reich gegeben hat, klug genug, bei lateinischen Lehrern das Schreiben zu lernen, Dichter mehrerer Sprachen um sich zu haben, sich selbstverständlich als Europäer zu fühlen. Niemand wird den Deutschen verwehren, sich daran zu erinnern.

WIDOLF MIT DER STANGE

«Vier Söhne hatte Nordian auf Seeland bei seinem Tod»,
heißt es im ersten Kapitel der germanischen Heldensagen,
vier Söhne, darunter einen, den man stets fesseln mußte:

> Widolf mit der Stange war nicht so gern dabei,
> Er war der weitaus Stärkste und also böse schier,
> Daß er gar nichts verschonte, weder Mensch noch Tier.

Wenig später eine Szene im Schloß des Königs Melias, vor
dem Oserich, Lehnsherr des Widolf mit der Stange, auf der
Erde kniet. Oserich selbst scheint sich in der gebückten Haltung ganz wohl zu fühlen, doch Widolf fühlt anders:

> Als dies die Riesen sahen, hei, wie da Widolf grollte,
> Daß er sogleich den König Melias erschlagen wollte!

Noch können ihn die Brüder halten, sie haben ihm vorsorg-
lich «Eisenringe um Hals und Arme schwer» schmieden lassen, ihn überdies an eine Kette gelegt. Solange er die Kette
fühlt, muß er sich mit Auftrumpfen und starken Worten be-
gnügen:

> Fest in Banden hielten die Brüder seine Glieder,
> Da stampfte bis zum Knöchel er die Erde nieder
> Mit seinen beiden Füßen und rief gar laut das Wort:
> «Was liegst du auf den Knien, Herr, vor Melias dort?»

Herr Oserich, obwohl selbst König, versucht es trotzdem in dieser Haltung, vielleicht nach früheren Fehlschlägen, vielleicht, weil das Knien vor einem noch mächtigeren König Etikette ist, oder weil er diesmal auf friedlichem Weg sein Ziel erreichen will, eine Art Koexistenz mit den fremden Ländern. Alles Erwägungen, die Widolf nicht interessieren. In ihm staut sich die Empörung mit jeder Minute, beim Zusehen kann es nicht bleiben, nicht für ihn, der sich im Besitz seiner Stange weiß:

> Da sprengte er auf einmal die Eisenketten entzwei,
> Womit man ihn gebunden; er machte schnell sich frei
> Und nahm die Eisenstange. Hei, wie er diese schwang!
> Wohl vierundzwanzig Ellen war sie in Wahrheit lang,
> Er lief herum im Feste und schlug unaufhaltsam
> Mensch und Vieh und alles, was ihm nur unterkam.

Für den holprigen Rhythmus bin nicht ich zuständig, sondern der deutsche Barde Felix Dahn, er hat die germanischen Götter- und Heldensagen «zusammengetragen und in Versen formuliert, wie es ein Dichter des 13. Jahrhunderts getan hätte». Krude genug sind die Verse, ein Vergnügen ist die Lektüre nur für den Sprachgestörten. Für gewissenhaft können wir Felix Dahn jedoch halten; Germaniens frühe Recken, darunter Widolf mit der Stange, hat er getreu geschildert.

Vier Brüder. Zwei davon stellte Aspilian, der Älteste, allzeit zur Bewachung des Totschlägers Widolf ab, ein Fulltime-Job, wie wir erfahren. Widolf mußte immer unter Bewachung sein, wenn sich Szenen wie im Schloß des Herrn Melias nicht wiederholen sollten. Wer weiß, welche Folgen sie hatten, welche internationalen Verwicklungen. Die Beschreibung von Widolfs furiosem Auftritt bricht leider an dieser Stelle ab.

Bemerkenswert, daß die Brüder wußten, wie wenig Sinn es hatte, Widolf gut zuzureden, Verständnis für ihn aufzubringen, seine Seelenstruktur, die Erlebnisse seiner Kindheit zu erörtern. Und falls sie es taten, ließen sie ihn dabei lieber in Ketten.

Immer wieder in den folgenden Jahrhunderten haben Menschen, Deutsche und Nichtdeutsche, gehofft, der mörderische Charakter hätte sich verloren. Vom «furor teutonicus» sprachen schaudernd die Legionäre, wenn sie an die blondzottligen, Keulen schwingenden, meist betrunkenen Horden dachten, die aus dunklem Tannenreisig brachen. Mit Entsetzen beschreiben lateinische Chronisten das Geheul, die wilde Wut. So durch die Jahrhunderte. Wenn sich das Entsetzen bei den Nachbarvölkern eben legen wollte, sorgte ein neuer Ausbruch dafür, daß es wachblieb.

Die Deutschen sind sich dessen längst bewußt. Immer wieder bringen sie Pädagogen, Philosophen, «Dichterfürsten», neuerdings Psychologen hervor, die versuchen, Widolf mit der Stange zu zivilisieren. Wie viele edle Seelen gingen über den Versuchen zugrunde.

Ich erinnere mich, wie ich im Dom zu Fulda am Grab des heiligen Bonifazius stand, der, ein Buch in der Hand, von den Wütigen erschlagen wurde. Wie mir plötzlich das Symbolische dieses Martyriums klar wurde, das verzweifelt Unaufhörliche.

In der gebotenen Kürze will ich offen bekennen: Ich halte Widolf für unsterblich. Die Archetypen tauchen in der Geschichte auf und ab, dieses Bild ist uralt, Geschichte als endloser Fluß. Wir sind immer dieselben, fand schon Heraklit, wenn auch stets andere. Ein bestimmter Typus kann einige

Zeit von der Bildfläche verschwinden, eines Tages ist er wieder da, komplett, verblüffend ähnlich.

Noch etwas will ich offen bekennen: Ich habe manchen Vorschlag zur immer weitergehenden Liberalisierung des Landes unterstützt, weil meine Phantasie nicht ausreichte, mir den neuen Nazi vorzustellen. Ich habe miterlebt und geduldet, wie das öffentliche Ansehen der Polizei mehr und mehr abgebaut wurde, auf Drängen mancher, denen es heute leid tut. Schon 1989, kurz vor dem Fall der Mauer, deutete sich ein Tiefpunkt an, die Gewalt, um die es damals ging, nannte sich «links». Das Etikettieren pöbelhafter Ausbrüche mit politischen Termini war schon damals eine versuchte Aufwertung. In den Medien anderer Länder wäre von «Mob» die Rede, wo Vorüberkommende erschlagen, Milchläden geplündert werden, nicht von «linken» oder «rechten Gruppen», ihren «Problemen», ihren «Forderungen» an die Gesellschaft.

Zuviel Soziologie macht asozial. In unserer Schwierigkeit, Widolf zu bändigen, zeigt sich die Krise eines Menschenbildes. Nicht die Krise des Menschen. Das wird oft verwechselt. Man spricht von Verrohung, Brutalisierung, zunehmender Neigung zur Gewalt mit einem vorapokalyptischen Timbre, als wäre zum Beispiel der mittelalterliche Mensch weniger brutal, weniger roh gewesen.

In Wahrheit sind wir verstört, weil das Wort der Aufklärung «Edel sei der Mensch, hilfreich und gut» tatsächlich der Konjunktiv geblieben ist, in den sein Erfinder es vorsichtshalber kleidete.

Machen wir uns nicht seit zweihundert Jahren Illusionen über die Erziehbarkeit des Menschen? In diesem Jahrhundert vor allem über seine Therapierbarkeit? Klüger wäre, sich die Existenz des Atavistischen einzugestehen, uns dagegen zu wappnen, innerlich und äußerlich. Noch dazu, wenn es ein Volk betrifft, das mehr als andere zum Rückfall neigt.

Die Neigung zum Ausbruch ist in manchem, der sich nicht träumen ließe, er hätte etwas mit Widolf gemein. Der deutsche Bundeskanzler beispielsweise neigt dazu, auf Personen, die ihn mit Gegenständen bewerfen, seinerseits gewalttätig loszugehen. Man kennt die Fotos, auf denen der sonst um Gesittung bemühte Mann, promoviert, weit gereist, lange durch parlamentarischen Dienst gebändigt, sich fäusteschwingend in Bewegung setzt. Wäre das anderswo denkbar? Würden andere Völker eine solche Präsentation ihrer selbst ertragen, die Franzosen einen prügelnden Präsidenten, Briten eine mit der Handtasche um sich schlagende Queen?

Den Wütigen charakterisiert nicht nur die Gewalt, auch das, wodurch sie ausgelöst wird. Zurück zu Widolf mit der Stange: Bei ihm war es Herr Oserich, als er einem Fremden eine für Widolfs Gefühl übertriebene Reverenz erwies. 1970 kniete Willy Brandt im Warschauer Getto – was muß sich damals in deutschen Seelen abgespielt haben. Zwanzig Jahre hat es diesmal gedauert, bis die Ketten abgestreift waren, die Ketten aus Sühne und Psychotherapie.

Ich weiß, daß es Deutsche gibt, die den letzten Ausbruch nicht vergessen haben, denen er schrecklich war und die eine Wiederholung fürchten. Ich setze auf sie, nicht nur, weil mir nichts anderes übrigbleibt. Die fremden Wärter ziehen ab –, hoffentlich nicht zu früh. «Deutschland den Deutschen», nun wird sich zeigen, wer im Land die Oberhand gewinnt. Wird dieses Volk damit leben können, daß es Rausch und hochherzigen Taumel meiden, dafür Tag und Nacht hellhörig sein, Teile seiner selbst bändigen und bewachen muß? Ich denke, daß es schlimmere Behinderungen gibt. Das wird man lernen, einrichten, sich zu eigen machen können: eine gewisse Vorsicht im Umgang mit sich selbst.

«Wie lassen sich die früheren Einschreibungen abarbeiten», fragt ein westdeutscher Psychoanalytiker, «wie verwandeln, ins Positive wenden?» Die Frage gilt den neuen Nazis, aber er stellt sie zu optimistisch, sie gilt gleich dem Wie. Ist denn sicher, ob es überhaupt möglich ist? Ich weiß, daß meine nächste Frage an die Grenze dessen geht, was fortschrittliche deutsche Leser hinnehmen werden: Kann man Gewalttäter durch Psychotherapie, gut Zureden, Diskutieren bändigen? Oder lieber in Ketten?

TAGTRÄUME EINES EUROPÄERS

ZIONS THRON ODER
ANGST VOR EUROPA

Was ist Europa? Vielleicht ein Erdteil, aber nach Asien offen. Sehr klein, sehr eng, verglichen mit den anderen. Ein Wirtschaftsraum? Geopolitischer Raum? Für mich steht einzig außer Frage, daß es ein kultureller Raum ist. Was ihn einen könnte, ist seit Jahrzehnten vernachlässigt, vergessen, verachtet worden, Kriegen, «Revolutionen», «Innovationen» zum Opfer gefallen, fast abhanden gekommen: die abendländische Idee.

Da sie sich in weiten Gebieten verflüchtigt hat, mancherorts Feindbild war, sich für viele mit nichts Realem mehr verbindet, wird sie behandelt wie herrenloses Gut. Wer eben Bedarf hat, bemächtigt sich ihrer Begriffe. Auch die Theorien gegen eine europäische Vereinigung, etwa der französischen «Nouvelle Droite», werden aus ihren Beständen munitioniert: Abendland ist «Kulturkreis», dieser basiert auf «gewachsener Kultur», Kultur und Identität wachsen nur innerhalb einer abgeschlossenen Nation.

Die Zahl der Gegner eines vereinten Europa ist immens, in Ost und West. Gerade heute, da die Länder Europas von allen möglichen Krisen erschüttert sind. Der geographisch kleine Raum wurde erst vor kurzem von zwei Weltkriegen heimgesucht, von einer zügellosen Industrialisierung, seine östlichen Gebiete von einer verheerenden Mißwirtschaft. Erde, Wasser, Luft befinden sich am Rande ihrer Lebensfähigkeit. Viele Landschaften sind ganz einfach verwüstet. Auch meine Phantasie reicht aus, mir Katastrophen vorzustellen. Anderswo bilden Völker Konkurrenzunternehmen, immens tüchtige oder riesige Länder wie Japan und China. Wieder anderswo ist es nicht Konkurrenz, sondern schlicht der Wunsch, uns zu vernichten, man lese die Reden des Ayatollah Khomeini. Wir sollten versuchen, ob es nicht eine Möglichkeit gibt, zu überleben.

Es ist diese einfache Frage, an der sich die Geister scheiden. Wir wollen die Wahnsinnigen außer acht lassen, denen Katastrophen recht wären, die sie als Flurbereinigung auffassen, um hinterher in einer sauberen Öde neu anzufangen. Bleiben die, denen noch irgendwie an Europa liegt, an der Akropolis, am Forum Romanum, Prager Wenzelsplatz, Britischen Museum, der Basilius-Kathedrale oder am Louvre. An irgendeinem Ort, der für sie Europa ist.

Was Europa auf den ersten Blick einzigartig macht, ist die Konzentration von alter Kultur und Geschichte auf engstem Raum. Eine Situation, reizvoll und gefährlich zugleich. Ein Reichtum ist angehäuft, mit dem unser Jahrhundert bisher nichts anzufangen wußte. Wir waren schlechte Erben. Zerstrittene Erben, kurz davor, den gemeinsamen Besitz zu ruinieren.

Die Schäden können, falls überhaupt, nur noch in Gemeinsamkeit behoben werden. Auch eine Zukunft ist nur noch gemeinsam denkbar. Doch viele erschreckt, was sich anbahnt: Öffnung und Weite. Angst vor einer Öffnung haben wir eben im untergehenden Ostblock beobachtet, verzweifeltes Festhalten an Ordnungen, Einteilungen, Grenzen, die sinnlos, nicht mehr zu halten, aber vertraut waren. Das kleine Territorium Europa ist wiederum in Staaten zersplittert, die untereinander Krieg führten, gegeneinander Nationalismen aufbauten. Es gibt über Jahrhunderte gepflegte Feindschaften, die in der gegenwärtigen politischen

Kultur keine vordergründige Rolle spielen, aber irgendwo im Gedächtnis oder Unterbewußtsein gespeichert sind. Sie können bei Bedarf erinnert werden. Alles kann erinnert werden, auch der kannibalische Urmensch.

Kulturelles Europa und politisches sind nicht identisch. Vielerorts ist selbst dort, wo sie es vormals waren, das Verbindende bis zur Unkenntlichkeit geschleift. Nicht nur durch die Einbrüche der letzten Jahrzehnte, manche Verbindung liegt wirklich in weiter Ferne. Sie zu etwas Tragendem zu machen, wird mühsam sein. Überhaupt wird dieses Europa mühsam sein. Wenn ich mir vorstelle, daß Istanbul dazugehört, Nischni Nowgorod oder Jerewan, begreife ich, daß ich reisen, lesen, Fernliegendes verstehen lernen muß. Oder Separatist werden, Nationalist.

Zu sagen «Ich bin Europäer» – was bedeutet es? Zuerst mit dem Gefühl der Weite fertig werden, mit dem Verlust an Geborgenheit, Sicherheit, Überblick und was noch alles in der nationalen Enge eingeschlossen war. Ob wie die bestürzende Weite bewältigen oder nicht, ist keine Frage der Verkehrsmittel, Straßen, Paßgepflogenheiten oder Währungen. Ein anderes Lebensgefühl gehört dazu. Eine Bereitschaft, auf Ungewohntes loszugehen, nicht panisch zu flüchten in die warmen, rauchigen Nester der Vergangenheit.

Der traditionelle Nationalist operiert mit dem traditionellen Muster «politische Vernunft». Oft ist er akademisch gebildet, früher war er oft «links», inzwischen mußte er «vieles einsehen», vieles «kann auch wirklich nicht so weitergehen».

Ein deutscher Prototyp wäre der Journalist und Herausgeber Rudolf Augstein. Die Türken, belehrt er seine Leser, gehören «einem Kulturkreis an, der mit unserem nichts gemein hat». Frankreich hätte nur ein Ziel, «Deutschland wirtschaftlich zu schädigen». Er hat nichts dagegen, daß man ihn «einen Nationalisten nennt (...) Ich denke national, daraus habe ich nie ein Hehl gemacht.» Eine europäische Union wolle «uns Deutsche in ihrem politischen Spielraum einengen und dann noch kräftig absahnen».

Er neigt zu Verschwörungstheorien, zum Gefühl des Umstellt-Seins. Nation wird zur Festung, zum abgeschlossenen «Wir». Notfalls wird Feindschaft erfunden oder beim Gegenüber vorausgesetzt. Die eigene Denkweise überträgt er auf andere, wogegen seine Nation unschuldig ist: «Wir verteidigen unsere Besitzstände.» Bei deutschen Nationalisten kommt ein chronisches Gefühl des Gekränktseins, des Ungerecht-behandelt-Werdens hinzu, eine nationale Weinerlichkeit: «Wir dürften uns nie erlauben, das zu tun, was die Franzosen tun.»

Tief in sich und seinem Vorleben befangen bleibt auch der Antisemitismus. Eigentlich ist Antijudaismus gemeint. Judenhaß scheint heute in Osteuropa und Rußland, in den ehemaligen Domänen des Staatssozialismus, stärker ausgeprägt als im Westen. Diese Länder boten den denkbar günstigsten Nährboden für kollektive Wahnvorstellungen. Ihren Bewohnern wurde schon als wehrlosen Kindern Haß implantiert, «Klassenhaß». Die massenhafte Abwendung von kommunistischen Denkweisen – wo sie überhaupt noch gefruchtet hatten – war noch lange nicht in jedem einzelnen Leben die Überwindung des zugrunde liegenden psychischen Musters. Von «Feinden» und «Gegnern» war alltäglich die Rede, von «Zerschmettern», «Niederschlagen», «bedingungslosem Kampf». Toleranz gegen Andersartige galt als bürgerliche Schwäche.

Wie verheerend sich sowjetische oder sowjetisch geprägte Volksbildung ausgewirkt hat, zeigt sich im ganzen Ausmaß erst seit dem Niedergang des Imperiums. Millionen Entwurzelte bleiben zurück, die sich betrogen fühlen. Sie sind aufgeladen mit Vorurteilen, Aggressionen, Ängsten, die Fundamente ihrer Erziehung erweisen sich gerade im Elend als zählebig, und die Suche nach Schuldigen wird oft zu ihrer neuen Obsession.

In Rußland beherrscht viele Menschen das Gefühl einer kollektiven Niederlage, das in übersteigertes Nationalbewußtsein umschlägt. Vieles erinnert an die Vor-Hitler-Zeit: Von «nationaler Erniedrigung» ist die Rede, von einer durch «Westler» geschürten «Russophobie», Dolchstoßlegenden gehen um und werden politisch genutzt, wie weiland zur Erklärung der deutschen Katastrophe im Ersten Weltkrieg, im folgenden zur Begründung einer Revanche.

In weiten Kreisen glaubt man ernsthaft an eine «internationale Freimaurer-Verschwörung» und «zionistische Einflüse», an einen durch Außenstehende versuchten «Genozid am russischen Volk». Alexander Prochanow, ein keineswegs für geisteskrank geltender Schriftsteller, bekannt durch seinen Afghanistan-Kriegsroman «Ein Baum im Zentrum von Kabul», kann sich in der nationalistischen Bewegung «Pamjat» über Hintergründe der sowjetischen Niederlage verbreiten: «eine amerikanische, proisraelische Lobby» hätte Rußland in dieses Abenteuer gehetzt, um «Israel vom Druck seiner arabischen Nachbarn zu entlasten».

Spezielle Erscheinung in den früheren Ostblockstaaten: ein Antisemitismus, der sich auf die angeblich überproportionale Beteiligung jüdischer Funktionäre am Kommunismus beruft. Auch hier Theorien, «wissenschaftlicher» und publizistischer Eifer. Eine in Moskau gebürtige, stark von

Selbsthaß entstellte jüdische Autorin veröffentlichte kürzlich in Berlin ein Buch, worin sie Juden für den Niedergang des Kommunismus verantwortlich macht. «Der Jude» sei unfähig zu eigener Kultur, müsse die politischen Ereignisse anderer Nationen an sich reißen, wodurch sie verunstaltet würden: Der Kommunismus hätte sonst einen anderen, erfreulicheren Verlauf genommen.

Das Phänomenale am Antisemitismus ist die über Jahrhunderte gleichbleibende Stupidität seiner «Argumente». In seinen heutigen Schriften steht so gut wie nichts, was nicht schon 1711 bei Johann Eisenmenger, 1871 bei Rohling gestanden hat, später bei Bostunitsch, Scheubner-Richter oder Hitlers Theoretiker Alfred Rosenberg. Es sind immer die gleichen, bis zum Überdruß erhobenen, bis zum Überdruß widerlegten Behauptungen: Hostien-Schändung, Kindermord, Zauberei, der Talmud ein staatsgefährliches Geheimbuch. Die «Protokolle der Weisen von Zion», eine Fälschung vom Ende des letzten Jahrhunderts, als Beweis der Weltherrschaftspläne. Danach soll sich ein jüdischer Geheimer Rat regelmäßig am Grab des Simeon bar Jehuda auf dem Prager Judenfriedhof versammeln, natürlich bei Nacht und Nebel, um Pläne der Unterwanderung anderer Völker zu schmieden. Etwa den: in den Industrienationen alle Arbeiter zum Alkoholismus zu verführen und durch Erhöhung der Lebensmittelpreise und Verbreitung ansteckender Krankheiten chaotische Zustände auszulösen.

In einem Land, in dem tatsächlich solche Zustände herrschen, dazu weitgehende Unbildung, schließlich große Verzweiflung und massenhafte Angst, ist Aufnahmebereitschaft für die absurdesten Bilder des Antisemitismus gegeben, gerade für diese. Gerade die grellsten Bilder sprechen die Einbildungskraft eines verstörten Volkes an. Die Moskauer Zeitschrift «Militär-Historisches Journal» druckte die «Protokolle» ab, es folgte am selben Ort mit einiger Logik eine längere antijüdische Passage aus Hitlers «Mein Kampf».

Angst führt zu sonderbaren Allianzen. In Rußland heißt eine «Die Schwarze Front», gebildet als Alt-Stalinisten, Russisch-Orthodoxen, jungen Nazis, Intellektuellen. Es sind – wie auch in ähnlichen Bewegungen des Westens – intellektuellenfeindliche Intellektuelle. In Rußland Schriftsteller, Vertreter der «Dorfprosa», Valentin Rasputin oder Wassilij Below. Wer ihre Bücher kennt, versteht am ehesten, was sich hinter allem verbirgt. Beide sind in der Stalin-Zeit aufgewachsen, haben kaum je einen Juden gesehen, und wenn, war er ein Unterdrückter des Systems wie sie. «Jüdische Gefahr» ist für sie ein vorgeschobenes Phantasma, um allgemein «Westler» und «liberale Aufweichung» anzugreifen.

Antisemitismus war immer präventiv, eine altbekannte Waffe aus dem Arsenal von krisenhaften Kollektiven. Er entsteht aus Angst, aus Unbehagen vor dem moralischen Anspruch unserer Kultur, dem sich der Antisemit nicht gewachsen fühlt. Ob er sich dessen bewußt wird oder nicht, er sucht nach einem Ziel seines Unbehagens und findet etwas «Jüdisches» als Ursprung des Koordinatensystems. Er geht bei diesem Fund nicht wirklich fehl. Das Grundgesetz unserer Zivilisation steht in den Büchern Mose. Wie wir sie nennen, christlich «Altes Testament», jüdisch «Thora» oder griechisch «Pentateuch», Judenhaß meint immer sie.

Wie unvereinbar Antisemitismus und Christentum sind, hat neben anderen Papst Pius XI. festgestellt, in seiner berühmten Erklärung von 1939: «Kein Christ darf irgendeine

Beziehung zum Antisemitismus haben, denn im geistigen Sinne sind wir alle Semiten.» Er hat – von der tagespolitischen Bedeutung abgesehen – noch einmal die gemeinsame Wurzel betont, die alte, unzerstörbare Gemeinsamkeit.

Christlich-theologisch ist Judenhaß jedenfalls nicht zu begründen. Auch einen wissenschaftlich, philosophisch, kulturgeschichtlich oder sonstwie plausiblen Antisemitismus gibt es nicht.

Judenhaß erweist sich als unsterbliches Phänomen. Viele haben versucht, ihm auf den Grund zu gehen, und nichts anderes gefunden als etwas vollkommen Irrationales, eine Ballung von Ressentiments, die sich jeder Diskussion entziehen.

Alain de Benoist, ein Vertreter der französischen «Neuen Rechten», konstatiert Europas «kulturelle Kolonisation durch die USA». Anti-Amerikanismus, ein weiteres Anti, eine weitere Bastion von Abwehrhaltungen. Die europäische Union sei schon aus diesem Grund abzulehnen: Sie wachse nicht von selbst und aus sich selbst, sondern unter amerikanischer Präpotenz, sozusagen «von oben» erzwungen.

Antiamerikanismus ist ein beliebter Code für Anti-Europa-Haltungen. Es handle sich bei den USA um einen «Mischstaat», einen «superioren», «multiethnischen Großstaat» – so Benoist –, dessen allgewaltiges, doch krudes Muster für Europas feinere und ältere Strukturen ungeeignet sei. Die Popanze der «Neuen Rechten» heißen Liberalismus und Individualismus, Begriffe, die – wie man zugesteht – in Europa erfunden, aber in den USA – sicher unter jüdischer Beteiligung – in monströse Gefahren umgewandelt wurden.

«Neue Rechte», «Neuer Konservatismus», «Konservative Revolution» wären interessanter, als sie sind, blockierte sie nicht tief im Innern ein altmodischer, hausbackener, primitiver Nation-Begriff.

Die Nation als Gehege. Ihre Züchtung erfolgt mit gärtnerischer Sorgfalt: Schädlinge fernhalten, «Vermischung» der Keimlinge verhindern, ständige Wachsamkeit, ausjätende Pflege schafft stabilen Bestand.

Das Primitive liegt im Vor-Humanen. Im Grunde ein vorrömisches, vorabendländisches Konzept, obgleich so viel von Christentum und «unseren Wurzeln» die Rede ist. Auch die «Neue Rechte» träumt von einem «neuen Menschen», er soll die «Zerstückelung» überwinden, zu der uns der Individualismus verdammt, in der Gemeinschaft «aufgehen», diesmal heißt sie Nation.

Es sind äußere Korsagen für sich schwach Fühlende. Wie der gescheiterte Staatssozialismus basiert auch dieses Modell auf der Schwäche des einzelnen. Angst vor «Vermischung» bedeutet, daß man sich selbst nicht viel zutraut. Um so stärker soll das Ganze sein, um so gewaltiger, herrischer. Wer wird es diesmal in die Hand bekommen? Der letzte Unfall ist noch nicht vergessen, und um sich attraktiv zu machen, muß sich das gärtnerische Modell ins Metaphysische begeben, sich «Sinnstiftung» nennen, «Mythos Nation».

Es bleibt bei der inneren Schwäche. Die Antike sah das Ideal in der Bildung des einzelnen, in einem Individualismus. Darüber wuchs Gemeinschaft, Stand, Gemeinde, Gilde wie von selbst. Rom war – urbis et orbis – Vielvölkerstaat. Wie die Organisation des Miteinander-Lebens aussah, wieweit ständisch, religiös und kulturell autonom, wieweit demokratisch, egalistisch oder «vermischt», ist eine andere

Frage, jedenfalls lebte man über Jahrhunderte und im allgemeinen gedeihlich zusammen.

Im Wesen internationalistisch ist auch das Christentum, gerade in seinen Anfängen. Einmal, weil es sich überhaupt erst durch Aufnahme heidnischer Proselyten von den frühen Sekten der Juden-Christen emanzipierte. Zum anderen, weil erfolgreiches Missionieren im multinationalen, multikulturellen Rom sonst undenkbar gewesen wäre.

Das Vielvölker-Prinzip ist das Symbol des christlichen Ethos und wurde von Kirchenvätern, Theologen und Dichtern in diesem Sinn betont, schon im vierten Jahrhundert in dem berühmten Gedicht des Prudentius:

Ihr Völker jubelt allzumal
Judäa, Rom und Graecia,
Ägypter, Thraker, Perser, Skythen
ein König herrscht ob allen.

Die «Neue Rechte» erweist sich als eine Kraft, die den Grundlagen des Christentums abgeschworen hat. Ein «Mythos Nation» ist mit Christi Botschaft unvereinbar. Ist überhaupt mit allem unvereinbar, was europäische Tradition ausmacht. Europas Wurzeln sind europäisch, nicht national, vom Urwald abgesehen, den hatte in der Tat ein jedes Barbarenvolk für sich.

Nation wird vielen «Rechten» zum Religionsersatz, etwa wie den «Linken» der Sozialismus. Die Vergötzung des Begriffs ist wiederum der Versuch, ohne Religion zu leben, vor allem ohne die moralischen Verpflichtungen, die das Christentum auferlegt. Die «Neue Rechte» mag das leugnen, doch ihre militante Ablehnung des «Multiethnischen», der «Vermischung», des «Universalismus» bedeutet die

Abkehr von jenen abendländischen Werten, die sie angeblich wiedererwecken will.

Das Verleugnen des Evangeliums wird natürlich vertuscht. Man subsumiert diese und manch andere Unvereinbarkeit unter genereller Kritik am «Universalismus» eines Neu-Rom. Daher nennt sich die französische «Nouvelle Droite» auch «Grece», Griechenland, verstanden als antikisierende Kampfparole der hellenischen Kleinstaaten gegen eine multikulturelle Pax Romana.

Gemeint ist eine ältere Ordnung ohne lästiges Miteinander, weiterreichende Ansprüche und viele Zungen, eine archaische Idylle von Inseln und Stadtstaaten, die Menschheit klar geteilt in «Unsere» und Metöken. Man gibt wohl zu, eher Sparta zu meinen als Athen. Indessen wäre beides ungerecht: Das wahre Muster heißt Assyrien.

Allgemein liegt Revanche in der Luft, wo defizitärer Schmerz empfunden wird. Die Gruppe «Werwolf» singt:

> In mir drin, da tut es weh
> wenn ich heut so um mich seh,
> Ausländer, Aussiedler, Asylanten,
> selten sieht man noch einen Bekannten.

«Werwolf» gehört zur «Rechts»- oder «Skin-Rock»-Szene, im weiteren Zusammenhang zur immer mehr anschwellenden Bewegung populärer Gewalt. Die ersten beiden Zeilen sind empfunden, der Rest aufgesetzt, tagespolitisch gedopt, kalkuliert. Ich bin nicht sicher, ob die «rechte» Gewaltszene so politisch ist, wie allgemein angenommen, mir scheint sie in erster Linie gewalttätig. Sie weiß aber sympathisierende Kreise um sich, mächtige Stimmungen, und will sie bedienen.

Die verschiedenen Stränge der Anti-Europa-Tendenz bilden ein Gemenge, durchdringen, verschlingen sich, Volk als Sinnstiftung, Nation als Garten, die Feinde Amerika, Judentum, Individualismus, und das ewige Grundbefinden, Opfer einer Verschwörung zu sein. Die Gruppe «Kraftschlag» bringt alles in Synthese. «Wir schauen zurück in die Vergangenheit», singen diese jungen Deutschen, «in unseren Augen eine herrliche Zeit». Die Mächtigen hätten sich der Herrlichkeit in den Weg gestellt, doch vergebens:

> ... Gedanken kann man nicht verbieten
> wir glauben nach wir vor an die alten Riten,
> wir stehen zum Volk und zur Nation,
> und eines Tags stürzen wir Zions Thron!

«Kraftschlag» enthüllt zugleich das allen Gemeinsame: die Fixierung auf Vergangenes. Sogar auf eine spezielle Abart des Vergangenen: das Gescheiterte. Hier, in der Unterwelt historischer Trümmer, finden sich die Versprengten und Abgeschlagenen eines Europa wieder, das eben noch davonzukommen hofft, schwer verstrickt, verschuldet, fast am Ende seiner Kräfte.

Auf meiner Stichwortliste stehen noch «Separatismus», «Fremdenhaß», «Altkommunisten», «Anti-Intellektualismus» und andere, scheinbar zusammenhanglose Anti-Europa-Kräfte. Lohnt es noch, sie zu betrachten? Gemeinsames Grundmuster ist das Abschließen, Ausschließen, Schalen-Bilden, Verkrusten. Sie mögen viel Unheil anrichten, an ihren historischen Triumph will ich dennoch nicht glauben: Ihnen wohnt das Sklerotische inne, auf längere Dauer das Absterben.

Neben inneren Gegnern Europas finden sich äußere. An sichtbarster Stelle der Terrorismus, vor allem islamischer Gruppen. Gelegentlich verstören uns Vorfälle, die zeigen, wie weit die Präsenz gediehen ist. Militante Mullahs lassen in deutschen Städten iranische Oppositionelle liquidieren, sie tun es mit einer erschreckenden Selbstverständlichkeit. Die terroristische Kurdische Arbeiterpartei führt in Europa Krieg gegen ihren Feind Türkei, sie wird dazu vom irakischen Geheimdienst, wie ein Experte erklärte, «mit enormen Mengen chinesischer Waffen und Munition versehen». In der Bundesrepublik leben 500000 Kurden, von denen viele – offenbar in einem System der Tributzahlung – den terroristischen Krieg unterstützen.

Zwei Beispiele aus einer Flut unentwegter Aktivität. Ein Gewirr aus Geheimdiensten, Terrorgruppen, Abgesandten nahöstlicher Mächte, die Szene führt längst ein Eigenleben, ein dem Laien nicht mehr durchschaubares Gewirr aus Pakt, Rivalität, Fanatismus, Realpolitik. Der Nichtexperte spürt immerhin, wie sich Europa peu à peu in eine terroristische Walstatt verwandelt. Wir wollen nicht vergessen, daß wir Krieg haben, «heiligen Krieg» gegen den «großen Satan», gegen USA, West-Europa, «die Verbündeten von Israel», inzwischen auch gegen Rußland.

Der islamische Terrorismus verkörpert eine besonders gewalttätige Form von Ausländerhaß, diesmal gegen uns Europäer gerichtet. Wie darin die beschriebenen Merkmale des Anti-Europäischen – Nationalismus, Antisemitismus, Gewalt, Fremdenhaß – unselig verflochten sind, muß nicht betont werden; das Barbarische hat, unter anderen Schlagworten, immer ähnliche Muster. Die «Kinder des Ayatollah» haben sich öffentlich zu unserem Todfeind ernannt. Tolerant sein bedeutet für uns nicht, diese Feindschaft zu ignorieren, noch dazu, wo sie uns so hartnäckig, lautstark, täglich von neuem angetragen wird.

Ich setze voraus: Das Verhindern offener Kriege, militärischer Konflikte, Annexionen ist für ein vereinigtes Europa Conditio sine qua non. Im Ursprung ist die Idee von Europa mit dem Frieden verbunden, spätestens seit Augustus. Diese Sehnsucht nach dem Frieden wurde, als Rom niederging durch das Juden- und Christentum erneuert. Es ist eine uralte Sehnsucht, die immer wieder enttäuscht wurde. Frieden ist die höchste Lebenskunst, zu der wir fähig sind, verbunden mit den höchsten Ansprüchen an uns selbst. Deshalb ist Europa ein so mühsamer Versuch, deshalb manchen so unerträglich.

FERN VON BABEL

Ich lerne eine neue Sprache. Besser gesagt, ich muß sie lernen, höchste Zeit, ich lebe schon seit Monaten in diesem Land. Es ist ein Land meiner Wahl, ein Land, das ich liebe. Auch seine Sprache ist mir sympathisch, soweit ich sie verstehe.

Eine musikalische, schnellzüngige, gewandte Sprache, die Leute um mich herum sind in ihr zu Hause, gleiten durch ihre Wortströme, Strudel, Kaskaden wie Fische durch bewegte Wasser. Schon nach ein paar Tagen war mir klar, daß sie ihre Sprache lieben. Sie reden ständig, den ganzen Tag über, rasch und laut, fallen einander ins Wort, immer wieder überwältigt vom Witz, vom Reichtum ihrer Sprache.

Ihre Sprache erzeugt ihnen Heimat, Gemeinschaft, nationale Identität, ohne daß je davon die Rede ist. Sonst wird über alles, an jedem Ort, in jeder Lautstärke gesprochen. Unbekannte sprechen einander auf der Straße an, um nach der Uhrzeit zu fragen, eine Kundin betritt einen Laden, schon entspinnt sich ein Dialog von längerer Dauer. Zuerst muß ich Geduld lernen. Sie unterbrechen ihr Gespräch noch lange nicht, weil ich zu verstehen gebe, daß ich in Eile bin. Am liebsten würden sie Tag und Nacht in ihrer Sprache schwelgen. Sie erkennen sich in ihr wieder. Die Sprache ist ihr Werk, sie selbst haben sie gebildet, seit dem lateinischen Ursprung so lange hin und her geredet, bis es die heutige war.

Es gibt einen Ort auf der Welt, wo ich sprachlich ebenso zu Hause bin wie sie, aber er ist fern. Und für mich gibt es derzeit Gründe, ihm fernzubleiben. Ich habe Glück, weil meine Frau bei mir ist, wir können in der Fremde die Sprache unserer Eltern und Großeltern sprechen, sie waren schon Berliner wie wir.

Zum ersten Mal denke ich darüber nach, daß meine Urgroßeltern nach Berlin eingewandert sind, daß ihnen die deutsche Sprache, erst recht der Berliner Dialekt, der für mich so selbstverständlich ist, einst genauso fremd war wie heute mir das Gerede um mich herum. Sie haben damals lernen müssen, deutsch zu sprechen, es ging vermutlich ums Überleben. Einer ihrer Urenkel ist deutscher Schriftsteller geworden, auch die meisten anderen Nachkommen sprechen deutsch.

Ich lebe in Rom, natürlich gibt es hier Sprachschulen, wo man Ausländern in kürzester Zeit die Grundlagen des Italienischen beibringt. Ihre Nummern stehen im Telefonbuch. Jeden Tag könnte ich anrufen, mich anmelden, anfangen. Jeden Tag finden sich Gründe, es nicht zu tun.

Mit den Wochen und Monaten kann ich ein paar Worte sprechen, ein bißchen im Italienischen herumstümpern. Dem Gemüseverkäufer kann ich erklären, welche Zucchini ich kaufen, dem Mann in der Bar auf die Frage antworten, ob ich zum Milchkaffee ein Cornetto will. Übrigens kommt man mir entgegen. Meine Existenz hat sich in den umliegenden Straßen herumgesprochen, vermutlich wissen sie vom Portier, daß ich in dem grünen Haus gegenüber eine Wohnung gemietet habe, oft nach Deutschland oder sonstwohin reise, der Mann der blonden Signora bin, die im Viertel längst ihre Bewunderer hat.

So könnte es weitergehen: duldsame Nachbarn, ich selbst in der Rolle des geduldeten Fremden. Der sprachliche Austausch auf Bruchstücke, hervorgestoßene einzelne Worte beschränkt. Aber mein Verhältnis zur Sprache – zu welcher auch immer – ist anspruchsvoll, professionell. Auf Dauer ertrage ich kein Gestammel, auch nicht in einer anderen Sprache.

Ein deutscher Redakteur hat mir eine Schule ganz in der Nähe empfohlen. Die Gelegenheit ist günstig, ich habe keine Termine, meine Frau muß für drei Wochen ins Ausland. Manchmal in der letzten Zeit habe ich mich gefragt, ob meine Überlastung mit dringlicher Arbeit nicht bloß einen Vorwand darstellt, jene Schule zu vermeiden. Offenbar fürchte ich etwas. An einem Montagmorgen fange ich an.

Die Schule heißt Torre di Babele, Turm von Babel. Erste Überraschung: ich bin unter den Schülern des Anfängerkurses der Älteste. Mit achtunddreißig Jahren liege ich weit über dem Durchschnitt. Die kanadische Diplomatengattin ist ein Jahr jünger, die Zahnärztin aus Paris dreißig, dann kommt lange nichts mehr, erst Anfang der Zwanziger, die meisten noch jünger, achtzehn, siebzehn, so alt wie meine Kinder.

Am ersten Tag habe ich vorwiegend mit dem ungewohnten, seltsamen Gefühl zu tun, der Älteste in einer Gruppe zu sein. Vielleicht ist es Zeit, diese Erfahrung zu machen. Die Kanadierin und ich, das zeigt sich in den ersten Stunden, lernen schwerer als die Jüngeren. Wir können uns die Vokabeln nicht merken, sind schwer von Begriff, nicht mehr daran gewöhnt, daß uns ein Lehrer Fragen stellt.

Ich habe mich für einen Intensivkurs entschieden, der mich binnen vier Wochen befähigen soll, einen beliebigen Text zu lesen oder – falls deutlich gesprochen – zu verstehen, also Art der Wörter, Struktur der Sätze zu erkennen, und selbst sinnvolle Sätze zu bilden. Und ich habe mich gegen Einzelunterricht entschieden. Unterricht in einer kleinen Gruppe. Sprache ist ein soziales Erlebnis, sie lebt erst, wenn ich sie mit anderen teile.

Gesprochen wird von der ersten Minute an ausschließlich in der neuen Sprache, andernfalls stellen sich die Lehrer taub. Wieviel Wörter ich in den vier Wochen lerne, ob fünfzig oder fünftausend, bleibt mir allein überlassen, meiner Intelligenz, meinem Fleiß, meiner Methode. Die Methode muß ich erst erfinden. Ich muß mich selbst als Lernenden wiederfinden. In den letzten Jahren habe ich fast ausschließlich das getrieben, was ich schon konnte, mich auf die Sprachen beschränkt, die mir vertraut sind. Was uns bestärkt, in dieser Weise fortzufahren, sich keinem Risiko mehr auszusetzen, sich nur noch selbst zu zelebrieren, nennt sich Erfolg. In Wahrheit eine Falle.

Die Kanadierin gibt nach ein paar Tagen auf. Sie hat zunächst das Handicap aller englischsprachigen Schüler, die Aussprache. Die Verben beider Sprachen sehen ganz ähnlich aus, *receive* heißt hier *recivere*, in meinen Augen hat sie noch Glück. Ich muß dafür *empfangen* sagen, es gibt keine Verbindung, Britannien ist der Quelle näher geblieben als Germanien. Doch nur schriftlich. Sie spricht ein anderes r, andere Konsonanten, sie kann lesen, aber nicht verstehen. Und wie soll sie nach der Schule Vokabeln lernen, wenn sie täglich Parties besucht? Die Partygesellschaft ist die gefährlichste Versuchung für einen Ausländer, da dort jedermann englisch oder französisch versteht. Auch ich lebe auf diese Art seit Monaten in der Stadt.

Es gibt noch einen Grund, über den die Kanadierin nicht spricht und den vielleicht nur ich verstehe. Sie leidet darunter, vor Jüngeren, vor halben Kindern dumm dazustehen. Am ersten Tag hat sie erzählt, daß sie früher Lehrerin war, «a professor». Sie war es, die Fragen stellte, den Kopf schüttelte bei falschen Antworten oder in ironischem Schweigen verharrte, wenn nichts kam. Der Rollenwechsel könnte nicht bitterer sein. Sie weiß nichts zu sagen am zweiten, dritten Tag und ist am vierten nicht mehr da.

Der Vorfall belehrt mich darüber, daß ich nachmittags zu Hause lernen muß, um am nächsten Vormittag «mitzukommen» – ich denke zum ersten Mal seit Jahren das alte Schülerwort: Ich komme gut mit, er ist nicht mitgekommen. Dazwischen liegt die Welt. Statt lernen denke ich: pauken. Es ist nichts Diffiziles, Höheres, keine Probleme, Erwägungen, Interpretationen, sondern schlicht und einfach Vokabeln, stumpf auswendig zu lernen wie in den untersten Klassen.

Also erster Nebenschauplatz: Erinnerung. Ich muß der Frage nachgehen, wie ich mir mit zwölf und fünfzehn Wissen angeeignet habe. Es ist mir leichter gefallen als heute. Warum? Was habe ich damals gekonnt, was ich heute nicht mehr kann? Mir ist, als hätte ich anders gelebt. Wie?

Diese Fragen beschäftigen mich in den ersten Tagen bis zur Verzweiflung. Wenn ich mittags aus der Schule komme, wo ich nur die Hälfte verstanden habe, wenn ich durch wimmelnde Straßen nach Hause laufe und weiß, daß ich heute nachmittag niemanden sehen, keinen Spaß, kein Vergnügen haben soll, bloß mühsames Auswendiglernen von Vokabeln und grammatischen Regeln, noch dazu mit dürftigem Erfolg, frage ich mich, ob es sich lohnt. Ich kann auch ohne diese Sprache weiterleben. Warum unterziehe ich mich qualvollen Exerzitien, drücke die Schulbank wie ein Knabe, wo erfolgversprechende Arbeiten meiner harren, Texte, Bücher, Gedichte in meiner Muttersprache?

Das Lernen der neuen Sprache ist die Beschäftigung mit etwas Fremdem. Ich lerne schlechter als früher, also verliere ich die Fähigkeit, aufzunehmen, das Neue, Andersartige zu verstehen, verliere meine Offenheit und Einfühlsamkeit in bisher unbekannte Strukturen, Denkweisen, Klänge. Dann ist mangelnde Lernfähigkeit im weitesten Sinne Intoleranz, beginnende Enge, Verfestigung. Dann wäre es schon aus diesem Grund an der Zeit, eine neue Sprache zu lernen.

Einige Eigenschaften, auf die ich stolz bin, verlieren in diesen Tagen ihren Glanz. Die erste: Ich lasse mir gern nachsagen, ich sei Maximalist oder Perfektionist. Zumindest überall dort, woran mir liegt, zuallererst im Sprachlichen. Der Maximalismus eines Literaten wird Flaubertismus genannt, nach dem französischen Romancier, der seine Texte unerbittlich korrigierte, verwarf, zehnmal umschrieb, neu schrieb, bis sie seinen Ansprüchen genügten.

Eine andere: ich kann schnell sein. Ich kann eine Arbeit konzentriert, ohne Verzögerung, ohne Abschweifungen beenden. Beides nützt mir hier gar nichts, weder Maximalismus noch zügiger Arbeitsstil. Ich muß mich unendlich langsam durch die Übungstexte quälen, mit dem kleinsten Erfolg zufrieden sein: statt konzentrierter Hochleistung geduldiges Ausharren, statt spielerischer Eleganz der Sprache ein paar gestammelte Sätze, dazu Fehler über Fehler.

In der ersten Woche schlafe ich wenig, lerne bis in die Nacht und stehe früh um fünf auf, um Vokabeln zu pauken. Mein Appartement verkommt, ich wasche nicht mal mehr die Kaffeetasse ab, mit Müh und Not finde ich Zeit, die Katze zu füttern. Bloß gut, daß meine Frau im Ausland ist. Der unerhörte Aufwand führt zu nichts anderem, als daß ich unter den jungen Leuten einigermaßen mithalte.

Meine Arbeit bringt es mit sich, daß ich den größten Teil des Tages allein bin. Ich habe keine Kollegen, keine Gruppe, kein Team, keine Vorgesetzten oder Untergebenen. Die Schule versetzt mich in eine lange vergessene Situation. Das stundenlange Zusammensein mit Fremden in einem Raum ist für mich bedrückend. Ich beginne, es zu ertragen – noch ein Lernvorgang. Die Mitschüler, die mich in den ersten Tagen durch ihre bloße Nähe reizen, werden mir sogar sympathisch, die spanische Stewardeß, der junge Türke aus Darmstadt, die Referendarin aus Tübingen, das Mädchen aus Oslo und das Mädchen aus Innsbruck, die Amerikanerin mit dem italienischen Namen, der japanische Student.

Es gibt immer wieder Augenblicke, in denen ich mich frage, wozu ich mir das zumute. Augenblicke, in denen ich überzeugt bin: Das schaffst du nicht. Beides gehört zusammen, die zeitraubende Selbstreflexion und das anschließende Gefühl der Entmutigung. Wo doch sonst Selbstreflexion so viel nützen kann, warum diesmal nicht? Was für ein befremdlicher Wandel, dieses stille Vor-mich-hin-Leben, nichts und niemanden sehen als Lehrer und Mitschüler, fremde Menschen, kein Buch mehr, nur noch dumme Übungs-Texte, nichts von dem, was mir sonst zum Leben unerläßlich ist.

Nachmittags werde ich aus Berlin, Hamburg, Jerusalem angerufen, die Gespräche sind wichtig, betreffen meine Arbeit, doch ich zähle die Minuten und weiß, daß ich auf diese Art täglich anderthalb Stunden verliere. Bin ich zu alt? Habe in meinem Leben zu viele Zigaretten geraucht, zu wenig geschlafen, meinen Kopf mit zu vielem belastet? Das Talmud-Wort fällt mir ein: In der Jugend Gelerntes gleicht der Schrift auf weißem Pergament, später Gelerntes geht im Gekritzel des Früheren unter.

Dennoch glaube ich keinen Augenblick wirklich ans Aufgeben. Habe ich nicht sogar Russisch gelernt? Gewiß, sagt eine Stimme, aber da warst du ein paar Jahre jünger. Auch darüber muß ich nachdenken, über schädliche Autosuggestion. Über den fatalen Satz: Dazu bin ich zu alt. Älterwerden ist eine der beliebtesten Ausreden vor sich selbst.

Mediziner beweisen, daß wir mit den Jahren Einbußen erleiden; das Kurzzeitgedächtnis nimmt ab, «Spannkraft», «Flexibilität» und so weiter. Mancher flüchtet in Greisenhaftigkeit, wenn er gerade in der Blüte seiner Jahre steht, vor allem Deutschland ist reich an künstlichen Greisen. Ich ermüde schneller als mit achtzehn, das ist nicht zu leugnen, und vergesse die Vokabeln schneller als meine jungen Mitschüler. Aber wir verlieren nicht nur, gewinnen auch. An Stehvermögen zum Beispiel. So überstehe ich die erste Woche. Die wichtigste psychische Leistung liegt darin, etwas nicht zu können und trotzdem weiterzumachen.

Am Anfang der zweiten Woche verschwindet auch die Amerikanerin mit dem italienischen Namen. Sie war willens, die Sprache ihrer Vorfahren zu lernen, ist als Au-pair-Mädchen in Rom, muß auf mehrere Bambini aufpassen, kann nachmittags nicht ungestört lernen. Wir haben kaum Zeit, wahrzunehmen, daß sie eines Morgens fehlt. Ein anderer hoffnungsloser Fall schwingt sich dafür zu unerwarteten Leistungen auf, zäh und unbeirrbar, der Japaner Hiroshi.

Bei ihm kommen so viele Handicaps zusammen, daß wir sicher sind, ihn nicht lange unter uns zu haben. Die lateinischen Schriftzeichen, die unbegreifliche Grammatik, außerdem kann er kein r sprechen, wir verstehen oft nicht, was er meint. Die Lehrer sind geübt, auch sein Gestammel zu erkennen, er ist nicht der erste Japaner, der diese Schule besucht. In den Pausen unterhalte ich mich mit ihm, er spricht gutes Englisch. Eine Zeitlang sind wir dadurch verbunden, daß uns die anderen aufgegeben haben.

Hiroshi macht diesem Zustand ein Ende, indem er noch drei Privatstunden täglich zulegt, insgesamt sieben Stunden Schule, immer italienisch, kaum eine Unterbrechung. In den Privatstunden ist er mit dem Lehrer allein und kann ihn alles fragen, was er nicht verstanden hat. Darauf fährt er in sein Zimmer und lernt weiter. Das Kolosseum, erzählt er mir, hätte er zum ersten Mal nach zwei Wochen Schule besucht. Es ist um diese Zeit, etwa nach zwei Wochen, daß er sich plötzlich als Kenner der Grammatik erweist. Die unregelmäßigen Verben, denen man nur beikommt, indem man ihre Tempi und Konjugationen auswendig lernt, beherrscht er am besten von allen.

Nach zwei Gescheiterten endlich ein aufmunterndes Beispiel. Er ist der erste Japaner, mit dem ich in Berührung komme, sein Gebiet ist die Computertechnik, er hat sein Studium beendet, tritt in die Forschungsabteilung eines japanischen Mammutkonzerns ein, braucht Italienisch für sein berufliches Fortkommen. Nach unserem Kurs wird er nach Paris fahren, um dort ebenso schnell die Grundlagen des Französischen zu lernen, auch diese Sprache braucht er offenbar für seine Karriere.

Das erfahre ich in den kurzen Pausen, wenn wir unseren Caffè latte trinken. Hiroshi verkörpert eine Mentalität, die ich nur vom Hörensagen kannte, eine grandiose, ein wenig beängstigende Tüchtigkeit, die vor nichts zurückschreckt. Er bestätigt einige Klischees, die über das moderne Japan in Umlauf sind, ist technisch hochgerüstet wie ein Astronaut, mit Apparaten behängt, macht Aufnahmen mit einer computergesteuerten Kamera, vor ihm auf dem Tisch liegt eine Uhr, mit der er seine Fortschritte beim Lösen grammatischer Übungen prüft. Sein Eifer hat etwas Schülerhaftes, Berechnendes, Unheimliches. Dann verhält er sich wieder ganz anders, als ihm zuzutrauen war, hilfsbereit, kooperativ, geradezu generös.

Die zweite Überraschung ist die Norwegerin. Niemand hat sie ganz ernst genommen, sie läßt sich viel Zeit, ihr Studium beginnt im Herbst. Frühling und Sommer will sie in Rom verbringen, bei dieser Gelegenheit die Sprache lernen. Mit unendlicher Ruhe verfolgt sie die Lektionen, schweigt, hört zu, beobachtet, um nach zwei Wochen besser zu sprechen als wir anderen. Jedenfalls fundierter, mit holpriger Aussprache, aber sicherer Grammatik. Genau das Gegenteil des Türken aus Darmstadt, der hyperintelligent ist, schnellzüngig, mit erstaunlichem Wortschatz, verblüffender Fähigkeit, alles zu verstehen und zum Ausdruck zu bringen ohne einen einzigen korrekten Satz.

Jeder Tag ist eine Erfahrung im Umgang mit Menschen aus fremden, sogar entlegenen Sphären. Auch vorher bin ich Norwegern, Türken, Japanern begegnet, aber ich hatte nicht wirklich mit ihnen zu tun. Erst jetzt lerne ich sie kennen, weil wir aufeinander angewiesen sind. Ich erlebe ihre mühseligen, tapferen Anfänge, ihre Schwierigkeiten in der fremden Sprache, aber nicht aus der gesicherten Position dessen, der hier zu Hause ist, sondern selbst als Fremder.

Am Ende der zweiten Woche begreifen wir, daß wir das Schlimmste überstanden haben. Die Tage, in denen jeder seine Unfähigkeit ertragen mußte, waren die eigentliche Prüfung. Zwei haben aufgegeben, wir anderen sind imstande, einfache Sätze zu sprechen. Ich habe mich in den ersten zwei Wochen gelegentlich gefragt, warum ich mir all das – Mühe, Schlafmangel, hastige Mahlzeiten – zumute. Die Antwort ist einfach: Weil ich dieses Land liebe.

Das ist der Zusammenhalt unserer Gruppe: ein positives Gefühl. Wir haben in diesem Jahrhundert mächtige Kollektive erlebt, die zerstören, vernichten, erobern oder Beute machen wollten, aber diese kleine Gruppe will nichts dergleichen. Dem Gegenstand unseres Interesses wollen wir uns auf stille Art nähern. Wir wollen etwas lernen.

Das andere wird dann nicht ausbleiben. Wer sprechen kann, muß Rede und Antwort stehen, Meinungen äußern, womöglich Partei ergreifen. Daß mein totales Außerhalb ein Ende hat, sobald ich spreche, ahne ich seit langem – vielleicht war das ein Grund, warum ich den Beginn so verzögert habe. Ich hatte mich an den Zustand des Außerhalb gewöhnt, er war reizvoll, provisorisch, mit einem Wort «frei». Frei von Verantwortung. Die Sprachschule ist der Anfang neuer Verpflichtungen. Vielleicht der Beginn meines Engagements in diesem Land.

Insgesamt läßt die Spannung nach. Wir haben uns miteinander eingerichtet. In dieser Situation kann man sich gegenseitig nicht viel vormachen. Auch die Charaktere geben sich zu erkennen, Stärken, Schwächen, und könnten ausgenutzt werden. In Gruppen, die kein wirkliches Vorhaben einigt, käme es jetzt zu Krächen, Kabalen, verfeindeten Fraktionen. Bei uns nicht. Wir können uns das einfach nicht leisten.

Die Zeit ist begrenzt, wir haben die Kursgebühr vorausbezahlt; wieviel wir lernen, liegt in unserer Hand. Jeder von uns ist auf Nachsicht angewiesen, wir müssen täglich voreinander bekennen, wie wenig wir wissen. Auch diese Situation enthält viel Symbolisches. Ich habe erlebt, wie gut es sich lernt und arbeitet in einer Atmosphäre gegenseitiger Duldung.

Ab und zu stöhnen wir gemeinsam auf, wenn sich erweist, daß wir uns allesamt überschätzen und glauben, wir verstünden schon viel von der neuen Sprache. Wir irren uns, *Audienz* heißt keineswegs *audienza*, wie wir dachten, sondern *udienza*. Als wir nach zwei überstandenen Wochen zum Übermut neigen, holen uns die tempi passati der Verben auf die Erde zurück.

Für uns alle ein freiwilliger Kurs. Daß wir die Sprachlosigkeit überwunden haben, erleichtert unsere Gemüter, wir reden und lachen viel. Was für ein unbeschreibliches Vergnügen, in der neuen Sprache einen Scherz zu machen. Gelegentlich gibt es Rückfälle, jemandem unterläuft ein Fehler, der alles, was er meint, zu Nonsens macht. Die Referendarin aus Tübingen sagt versehentlich «fünfzig Uhr» statt fünf, das Gelächter ist überwältigend. Wir lachen in Wahrheit darüber, daß wir immer noch hier sitzen, daß wir gegen uns selbst gewonnen haben.

Im Nebenraum zwei Vietnamesen oder Kambodschaner allein mit einer Lehrerin, dort herrscht eine andere Stimmung, gedrückter, ängstlicher als bei uns. Den beiden sitzt die Faust im Nacken. Sie sind Flüchtlinge, müssen hier überleben, durch Straßenverkauf oder nächtliches Herumziehen mit Blumen. Kann sein, sie haben ihr gesamtes Geld in den Kurs investiert. Es gibt ein deutsches Wort für ihre Situation: Erfolgszwang.

So lernen heute viele die Sprachen des alten Europa, um überleben zu können. Wer in einem fremden Land Arbeit sucht, herumzieht und um etwas bittet, kann nicht mit dem Entgegenkommen rechnen, das westlichen Touristen gilt. Alle in unserer Gruppe bringen harte Währungen mit, Dollar, Deutschmark, Yen, sind Inhaber «guter Pässe». Ohne daß wir täglich daran denken, bestimmt das unser Auftreten, unser heiteres Verhältnis zu diesem Land. Wir sind sicher, willkommen zu sein.

Die beiden Vietnamesen im Nebenzimnmer erinnern uns daran, daß wir in einer schlechteren Lage sein könnten, unfreiwillig hier, geflüchtet, daher Vertreter eines «Problems». Unser Anblick ein Grund zu Befürchtungen, zur Angst, zur Aggression. Wir selbst wehrlos, da uns der Rückweg versperrt ist. Die beiden lernen stumm und hartnäckig, sprechen mit uns kein Wort, obwohl es in dieser Schule niemanden gibt, der sie auch nur unfreundlich ansieht.

Die Generation, mit der ich hier in Berührung komme, fühlt international. Es ist die Generation meiner Kinder. Gemeinsamkeiten, Unterscheidungen, Gruppen entstehen außerhalb des Musters Nation. Nationalismus gilt als Kennzeichen zurückgebliebener Unterschichten. Das erklären mir die Schwäbin und der Türke übereinstimmend, sie nennt es Rechtsextremismus, er Fundamentalismus. Beide Haltungen fürchten und verachten sie, in ihnen liegt die größte Gefahr für ihr munteres, offenes Europa.

Dieses Europa ist voller interessanter Schätze, man springt hin und her, lernt überall Kids kennen, die genauso denken. Ich erinnere mich an ein Wort meines Sohnes, gelassen ausgesprochen, als er in den Nachtzug Neapel–München stieg: Meine Generation ist die erste, die europäisch lebt.

Für diese Kids existieren fremde Sprachen, wo sie sich noch in den Weg stellen, nur mehr als Aufgabe, die in Schnellkursen zu lösen ist. Zwei oder drei spricht man schon, das ist selbstverständlich. Englisch sprechen die Norwegerin, der Türke, die Referendarin aus Tübingen ohne jede Mühe. Mit der Pariser Zahnärztin verständigen sich der Türke, die Österreicherin, die Spanierin und die Deutsche in einem fast ebenso sicheren Französisch.

Für mich wurde es Zeit, diese Erfahrungen zu machen.

Die letzte, von der ich hier erzählen will: Ich lerne die Generation meiner Kinder kennen. Nicht als Papa, sondern als Mitschüler. Diese Generation wird viel beneidet, weil sie in Frieden und materieller Sicherheit aufwuchs. Wer weiß, denke ich manchmal, was ihnen bevorsteht. Ich lerne in diesen Tagen ihre Ängste kennen, ihre Ahnungen inmitten einer vergifteten, mehr und mehr bedrohten Welt.

Was in diesen vier Wochen mit mir geschehen ist, weiß ich erst hinterher. Der Sprachkurs hatte therapeutische Wirkung. Die Erstarrungen, die mich zehn Monate gehindert hatten, damit anzufangen, sind mir erst jetzt bewußt. Indem sie mir bewußt wurden, war ihr Bann gebrochen, ich konnte wieder lernen, wieder anfangen, mich wieder öffnen. Manchmal war ich verzweifelt über meinen Zustand, über den Widerstand, den mein Ich der fremden Sprache entgegensetzte.

Was ich erlebt habe, war eine Befreiung. Erstens habe ich mich davon befreit, der Vergangenheit zu verfallen, in meinem Fall der Vergangenheit in Deutschland. Eine Sprache lernen heißt immer, sich einer Zukunft zuwenden. Heißt sogar an etwas glauben, an sich selbst und an den neuen Ort. Ich habe die Fremdenfeindlichkeit in Deutschland nie verstanden, denn im Zustrom der Fremden liegt ein großes Kompliment, eine Hoffnung für das Land.

Zweitens habe ich mich Erschütterungen ausgesetzt – fast immer eine hilfreiche Prozedur. Mir drittens die Nähe von Fremden zugemutet, sie ertragen und schließlich genossen. Auch das muß offenbar erlernt und immer wieder trainiert werden. Das Verständnis für die Generation meiner Kinder habe ich gleichfalls trainiert, auch dort kann man schnell aus der Übung kommen, nicht mehr «mitkommen».

Viertens habe ich wieder lernen gelernt. Fünftens meinem

Selbstvertrauen aufgeholfen und resignative Gefühle ad absurdum geführt. Sechstens die unsichtbare Barriere durchbrochen, die mich von meiner neuen Umgebung trennte, mich sozialisiert und heimisch gemacht. Ich verstehe neuerdings, was die Leute im Autobus reden, es ist weniger geheimnisvoll, auch weniger charmant, als ich dachte. Die Normalität des hiesigen Lebens erreicht mich erst jetzt.

Torre di Babele, denke ich eines Tages auf dem Heimweg, wirklich ein Scherz. Der Gemüsemann, der Besitzer der Bar, der Portier, als wüßten sie, daß ich einen Sprachkurs besuche, beginnen, mir Fragen zu stellen, vielleicht hat sich mein Gesicht aufgehellt, ist endlich der Ausdruck abweisender Taubheit gewichen. Wo die Signora ist, warum ich morgens allein meinen Caffè latte trinke, ob es mir hier gefällt, wie lange ich bleiben werde. Die Signora, sage ich und merke kaum, daß ich es auf italienisch sage, ist für drei Wochen ins Ausland gereist. In Rom gefällt es mir gut. Vor allem jetzt, wo ich anfange, eure Sprache zu sprechen.

Denn über dem Erstens bis Sechstens, über der Aufzählung dessen, was ich in den vier Wochen gelernt und gewonnen habe, ist mir eins ganz entfallen: Ich habe eine neue Sprache gelernt.

Im Vorbeigehen sehe ich die Großmutter auf einem Stuhl vor der Haustür sitzen. Sie trägt Schwarz wie immer, hält sich im Schatten, bewegt sich wenig. Von der Feldarbeit, vom Wassertragen ist sie so krumm, daß sie sich nicht mehr aufrichten kann. Ihre Kräfte reichen noch, um das Anwesen zu bewachen, den spielenden Enkel. Ihre Hände ruhen nie, ihrem Blick entgeht kein Huhn, das in den Beeten scharrt. Sie weiß besser als jeder in der Familie, wie weit die Tomaten sind, wer am Tor vorbeigeht, sie ist Pförtnerin, Babysitter, Zeitung, unabkömmlich.

Niemand käme auf die Idee, sie in ein Altersheim zu bringen, in ein Pflegeheim oder sonstwohin. Man schafft auch die schwachsinnige Nachbarstochter nicht aus dem Blickfeld, sie hilft ihren überlasteten Schwestern, hängt Wäsche auf, geht für sie einkaufen. Bei schönem Wetter kommt sie zu uns auf die Terrasse und erzählt von ihrer Familie. Die Familie ist riesengroß, weitverzweigt, es gibt einen legendären Onkel in Wuppertal. Sie spricht auch von denen, die tot sind, als würden sie leben.

Gegen Mittag hören wir die Stimme der ältesten Schwester, die sie zum Essen ruft. Die Nachbarstochter sagt freundlich «Bye, bye», jemand hat ihr beigebracht, daß Ausländer sich so verabschieden. Sie tritt in den Schatten zurück, tappt die schmale Felsenstiege aufwärts, verschwindet im Labyrinth der Gemäuer. Sie wird die Familie bei Tisch damit unterhalten, daß sie von uns erzählt.

Jetzt, im November, beginnt man sich im Ort zu wundern, daß wir noch hier sind. Die gewundenen Gassen liegen still, alle anderen Fremden sind längst abgereist. Wir bleiben. Er schreibt ein Buch, erzählt die Nachbarstochter. Ich werde am nächsten Tag im Laden danach gefragt. Ein Buch? Wird man es sehen, in die Hand nehmen, lesen können? Nein, lesen nicht. Ich schreibe es auf deutsch.

Sie haben eine sympathische Art, weitere Fragen zu vergessen. Ich schreibe deutsch, obwohl ich nicht in Deutschland lebe. Wie angenehm, das nicht erklären zu müssen. Never complain, never explain, hat Lord Disraeli gesagt, der jüdische Premierminister des Vereinigten Königreichs. Erklärungen, die sowieso niemand hören will. Die Leute hier haben zu tun, sie haben es nicht so leicht, wie es im Sommer schien. Sie mögen das Theoretisieren nicht, das unnötige Erschweren einer Sache durch Begriffe.

Ich bin hier hängengeblieben, auf der Durchreise. Die kleine Bucht ist eine bezaubernde Falle, halbmondförmig, geschützt durch zartgrüne Hügel, gesäumt von ein paar weißen Häuschen auf dem Vorgebirge. Landeinwärts antike Trümmer, die mit dem Schicksal eines unglücklichen Imperators zu tun haben. In ihrem Schatten läßt sich wunderbar nachdenken, über den Imperator und über mich. Und ringsum Stille, unglaubliche Stille. Nachts höre ich den Straßenlärm von Berlin, aber es sind, wie sich im Erwachen herausstellt, immer nur die raschelnden Ölbäume, das Klappern der Palme vor dem Fenster. Die Einwohner lieben ihren Ort nicht weniger als ich, sie haben Verständnis dafür, daß ich ihm erlegen bin.

Sie sind überhaupt verständnisvoll, solange ich nicht allzu viel von ihnen will. Ich glaube nicht, daß sie ihre Töchter mit mir verheiraten würden, ich bin keine Pflanze dieser Gegend, nach ihrem Gefühl von anderem Stand, von anderer

Destination. Sie sind ganz gern unter sich, beschäftigt mit ihren Zitronen und Ziegenherden, aber umgänglich und weltoffen, obwohl die Älteren nicht über die Provinzhauptstadt hinausgekommen sind.

Ich lebe unter ihnen als Fremder, als Ausländer, als – um es auf neudeutsch zu sagen – «Vertreter einer Minderheit». Dies die «Sprachregelung», eines der tausend Versatzstücke in der Sprache, die ich schreibe. Unübersetzbar, unerklärlich. Für die Einwohner des Dorfes kein Problem, kein Begriff. Sie sind weltoffen, aber nicht «betroffen». Sie kennen kaum «Berührungsängste» oder «gestörte Kommunikation», aber zeigen auch wenig Bereitschaft, mir ihre Angelegenheiten zu analysieren. Ich bin wohl nicht hier, nehmen sie an, um ihnen und mir Probleme zu machen.

Mein «Problembewußtsein», sogar mein Ärger über die «Sprachregelungen» verdämmert mit fortschreitender Abstinenz. Manchmal finde ich im Zeitungsladen ein vergilbtes Exemplar der *Bild-Zeitung* oder des Nachrichtenmagazins, das für die deutschen Intellektuellen verbindlich ist, und blättere darin, erstaunt. Beider Sprache ist von hier aus gesehen nicht wirklich verschieden. Ein lautes, banales, hämisches Deutsch. Nicht das Deutsch, das ich schreibe.

Mein «Engagement» – ein sehr deutsches Wort – verkümmert mehr und mehr, ich lebe außerhalb der «Auseinandersetzungen». Mir kommt hier vieles abhanden, und ich staune, wie leicht ich die Verluste ertrage. Meine Ansichten, Überzeugungen, Erfahrungen mögen mein Schatz, mein Stolz und wohlerworben sein, durch traurige Erlebnisse wieder und wieder bestätigt. Bastion in diesen wilden Zeiten, «Heimat», «Zugehörigkeit». Wo geht Erfahrung und Wissen über in Ressentiment? Wo beginnt Unbelehrbarkeit, das seelische Altern? Zuerst in der Sprache.

Der stolze Fundus ist eine Last, die mich hindert, mich zu bewegen, etwas Neues anzufangen. Ich habe meine Überzeugungen, wie es sich gehört, doch sie erweisen sich hier als sinnlos. «Links», «rechts», «Einwanderer» oder «soziales Gefälle» haben hier eine andere Bedeutung. Die etablierte Oberschicht ist eher links, der Fremde oft wohlhabender als der Einheimische. Die Ausgewanderten kehren wieder zurück, werden Einwanderer. Kein Wort ist wirklich aus Gußeisen. Sogar das Wort «Deutschland» verliert in der hiesigen Landessprache das gewohnte Gewicht, ist weder Kampfgeheul noch Schimpfwort, sondern die Bezeichnung eines Landes. Vielleicht in der Betonung ein wenig verschieden. Ich kann den Leuten hier nicht erklären, wie verheerend dieses Wort «Deutschland» in Deutschland wirkt. Ich verstehe es kaum noch selbst. Für die streitenden Parteien an meinem Geburtsort bin ich verloren.

Und schreibe dennoch deutsch. Die tägliche Rückkehr zum Manuskript ist wie Eintauchen in schweres Wasser. Bedenklichkeiten, die ich im Small talk mit der Gemüsehändlerin, dem Polizisten, dem durchreisenden Amerikaner nicht mehr kenne, kehren mit Gewalt zurück. Manchmal verdirbt mir die Beschäftigung mit dem deutschen Text unversehens die Laune. Oder ein Telefonanruf, der eine deutsche Angelegenheit betrifft. Briefe erreichen mich, aus Deutschland meist klagende, von anderswo verlockende. Eli Freud schreibt aus Jerusalem: «Sicherlich ist es gut und angebracht, wenn Sie über Deutschland schreiben. Aber ich muß Sie wieder fragen: ist es Ihr Land? Ich weiß, Ihr Land ist die Sprache, die Sie beherrschen. Die deutsche Sprache? Sie haben inzwischen andere kennengelernt, die vorzuziehen sind...» Er schreibt es übrigens auf deutsch.

Ein Spaziergang hilft, wenn die Worte sich auftürmen

oder verkeilen. Ich treffe andere Spaziergänger, aus anderen Gründen unterwegs, um sich von der Landschaft kurieren zu lassen. Das Fräulein aus der Post, blondgefärbt, aber ohne Chancen. Den fünften Sohn einer Bauernfamilie, der bei seinem Bruder lebt, weil es für ihn nicht zum Heiraten gereicht hat. Er ist angetrunken wie meist, aber noch imstande, Geschichten aus den 50er Jahren zu erzählen. Damals lebte es sich besser, obwohl man ärmer war. Dafür ohne Falsch und ohne Touristen.

Er mag sie nicht, die lauten Horden mit ihren Videokameras, mit ihrer Schneckenspur aus Cola-Büchsen und Präservativen. Die Freundlichkeit, die ihnen gilt, ist sichtbar unecht. Sie sind wie Liebhaber für eine Nacht. Wir meinen es ernster, sind noch im Winter hier, irgendwann halten uns die Einheimischen für vertrauenswürdig genug, uns in die Schattenseiten ihres Lebens einzuweihen. Die jungen Leute sind zum großen Teil arbeitslos. Einige nehmen Drogen. Die Politiker sind...

Es kommt zu Zwischenfällen, die wir nur mit Hilfe der Eingeborenen überstehen. Mir zuliebe wird eine neue Stromleitung gelegt, damit ich bei Sturm meinen Computer benutzen kann. Die Verhandlungen werden in der Landessprache geführt, dann kehre ich zu meinem deutschen Text zurück und wundere mich, wie geläufig mir diese Sprache ist. Die ständige Rückkehr verhindert eine allzu große, falsche Anpassung an den bezaubernden Ort. Ich glaube, daß wir ganz angenehme Mitbewohner sind, weder zu oft noch zu selten zu sehen, weder übellaunig noch allzu gesprächig. Ich bin mit fern liegenden Fragen beschäftigt, außerhalb der täglich gelebten Welt. Ich schreibe deutsch.

Aber ich lese, spreche es täglich weniger. Eine seltsame Situation, in der die gewohnte Sprache zu etwas Rarem und

Exklusivem wird. Die Worte verlieren das Geläufige, gleiten und flutschen nicht mehr, manchmal stehen sie vor mir auf dem Papier wie fremde Hieroglyphen. Ich gerate beim Schreiben in einen entrückten Zustand, die Sprache gewinnt einen neuen Klang, wird, nach Jahren zunehmender Abgeschmacktheit, aufgefrischt durch das Gefühl der Fremdheit.

Im Fremden spiegeln wir uns. So spiegelt sich meine Muttersprache in den Sprachen, die ich im Ausland lese und spreche, und erst dadurch wird sie mir wieder verständlich. Auch das Gegenteil ist wahr: Isolation und sprachliche Monokultur zerstören das Selbstverständnis. Haß auf das Fremde ist der Anfang von Verarmung und Verödung, die beginnende Selbstzerstörung. In Wahrheit ist der Fremdenhasser der Verlierer. Wieviel hat Deutschland seit 1933 verloren...

Sicher liegt hier der Grund, warum das Alte Testament, das Gesetzbuch der Juden, sinnlosen Fremdenhaß ablehnt: Die jüdischen Gesetze sind gemacht, um das Überleben zu sichern. Wie sich seit fünftausend Jahren zeigt, mit Erfolg. «Die Fremdlinge sollt ihr nicht bedrängen noch bedrükken», heißt es im Zweiten Buch Mose, «denn ihr seid selbst Fremde gewesen in Ägypterland». Vergeßt es nie, rechnet immer mit dem Unwägbaren, mit einem plötzlichen Wechsel des Geschicks.

Der Wechsel ist in meinem Fall freiwillig, was nicht heißt, daß er schmerzlos wäre. Die Situation, der ich mich aussetze, ist die eines Anfängers. Der Ort fremd, oft unbegreiflich. Das Mißverständnis alltäglich. Ich verlasse den Dorfladen in einem losplatzenden Gelächter und bin sicher, daß es mir und meinen Versuchen in der Landessprache gilt, dann bekomme ich mit, es gibt einen ganz anderen Grund zum Lachen, einen, den ich nicht verstehe. Ich brauche einige

Zeit, um wirklich zu glauben, daß sie meine Lage nicht ausnutzen. Sie hätten leichtes Spiel mit mir, könnten mich schikanieren, kränken und betrügen. Sie könnten mir das Leben zur Hölle machen, bis mir nichts übrigbliebe, als wegzugehen.

Sie sind zu klug, das zu tun. Ihr Land ist nicht in der fatalen Lage, daß es im Geld schwimmt, im Übermut taumelt. Viele Landeskinder müssen «das bittere Brot der Fremde essen», wie es so schön im Deutschen heißt, in einem früheren, bilderreichen Deutsch. Es gibt eine Familie im Ort, deren Sohn in Berlin lebt; ich kann ihm nur wünschen, daß man ihn dort so gut behandelt wie mich hier. Sicher bin ich dessen nicht. Die Deutschen haben zu den Mosaischen Büchern «ein gestörtes Verhältnis».

Auch dies ein Verhängnis für ihre Sprache. Die guten, alten Worte sind verdorben, das Bildhafte verkümmert, Glanz und Schlagschatten fehlen, kaum noch Gleichnisse, die Musik ist verstummt. Eine tiefe Angst ist da vor dem Biblischen und Essentiellen, vor «Gott» und «Mensch» und «gut» und «böse», vor den eindeutigen Wörtern wie «schön» oder «edel», «Ehre», «Mut» und «Gewissen». Sprache ist die unfreiwillige Selbsteinschätzung eines Volkes. Im heutigen Deutsch grassiert die tödliche Angst vor dem klaren Wort. Vor dem mutigen Wort, vor dem männlichen Wort. «Feministinnen» mögen diesen Absatz überspringen. Ich höre täglich Monologe, die jeder Deutsche großsprecherisch nennen würde, auf neudeutsch «vollmundig». Hier wirken sie natürlich. Sie sind musikalisch, schon deshalb höre ich gern zu. «Ehre», «Tapferkeit», «Größe» werden bedenkenlos, ohne jede Ironie, ohne Entschuldigung in die Debatte geworfen. Von «Liebe» und «Freundschaft» ist viel und überall die Rede. Man sagt auch «Er ist ein Lump» oder

«Der Bürgermeister ist ein Dieb», ohne etwas fürchten zu müssen. Sprache ist Expression, ein klares Wort menschlich, Reden ist kein Slalom der Angst.

Zwischendurch lese ich deutsche Texte. Mein Abstand zur inneren Welt dieser Äußerungen wird täglich größer, es ist ein Abdriften, ein unaufhaltsames Sich-Entfremden. Im Deutschen sagt man «Wir leben uns auseinander». Ich müßte, um noch teilnehmen zu können, sofort zurückkehren.

Wohin? In eine Sprache der Verhinderung, des Sichselbst-Verhinderns. Soll das ein Fortschritt sein? Wendung zum Besseren? Mir scheint es, von hier aus, nur ein Mißverständnis. Es ist wahr: Manches am traditionellen Deutschsein wird erträglich erst durch Bändigen, therapeutisches Bloßlegen, durch Besinnung. In einigen Fällen durch strenge Selbstzensur. Gewisse nationale Äußerungen bedürfen ständiger Überprüfung. Das unbekümmerte Drauflos ist gerade für dieses Volk kein empfehlenswerter Weg. Aber auch das totale Gegenteil ist kein Rezept, das Dasein in Furcht vor sich selbst. Jedenfalls nicht in der Sprache.

Auch die eigentliche Würze jeder Sprache, der Widerspruch, gilt im Deutschen als verdächtig. «Die Aber kosten Überwindung», fand Lessing, seither ist die Lage noch vertrackter geworden. Ein impotenter Sprachbrei quillt aus Elektrogeräten, von Rednerpulten; er umfließt furchtsam die «Aber», umgibt die Gedanken mit zitterndem Gallert. Ich lege deutsche Zeitungen mit Schaudern zurück. Vermissen Sie denn nicht, werde ich von Lesern gefragt, die deutschsprachige Umgebung, die Entwicklung, das gesprochene, alltägliche Deutsch?

Nein, antworte ich, auch wenn ihr das nicht gern hört. Ich

bin froh, die Verödung nicht täglich mitanhören, mitlesen zu müssen. Aber haben Sie keine Angst – nächste Frage, und endlich ein «Aber» –, daß Ihr Deutsch veralten könnte? Mein Deutsch kann nicht veralten, solange ich nicht veralte. Und ich werde es um so weniger, je mehr ich mich draußen umsehe. Ich hole mir die frischen Farben von dort und finde dann sogar die deutschen Worte wieder. Wie ihr alle – ob ihr es gern hört nicht nicht – nicht mehr leben könntet, wärt ihr nicht wenigstens einmal im Jahr in fremden Ländern.

Wovor fürchtet ihr euch so? Welchen Sinn soll es haben, mit Zittern und Zagen in eine Zukunft zu gehen, die dennoch kommt, unaufhaltsam, mit ihren Forderungen, Schrecken, unerwarteten Lichtblicken? Warum umgebt ihr euch mit dem Stacheldrahtverhau einer verängstigten Sprache, in der heimlich immer das Gegenteil mitschwingt, der barbarische Kurzschluß? Wißt ihr nicht, daß Selbstquälerei der Nährboden der Grausamkeit ist?

Das fremde Leben, das ich hier beobachte, zeigt ein verblüffendes Nebeneinander von Unmöglichkeiten, von allem, was im Deutschen als unvereinbar festgelegt ist. Ein Nebeneinander von Moderne und dem, was Deutsche «konservativ» nennen würden. Der Begriff ist irreführend wie die meisten Begriffe, das Konservative erweist sich oft als das Alternative, Bewegliche, Innovative. Beides ist ineinander verwoben: Man kann ein moderner Mensch sein und trotzdem Wert auf Kinder, Familie, Heimat legen. Man muß keine Theorie daraus machen. Es kann etwas Lebendiges sein.

Im Flugzeug, auf dem Weg zu meinen Lesern, lese ich in deutschen Zeitschriften, lese über die Atomisierung der Gesellschaft, millionenfache Single-Existenz, Überalterung, dramatische Zunahme unversorgter Pflegefälle, Geburtenrückgang. Lieblingsthema ist das Scheitern. Der Mißerfolg jeder Unternehmung ist vorprogrammiert, das Beste wird sein, man tut gar nichts mehr. Kultiviert wird das Klagen und Mißgönnen. Die anderen können auch nicht besser sein, sie sind nur Betrüger, wenn sie vorgeben, an eine Zukunft zu glauben.

Ich finde das alles in der deutschen Sprache wieder. Auch sie ist atomisiert, gruppenweise «ausgrenzend», gnadenlos gegen jede Hoffnung. Auch hier wird nichts mehr geboren, es sei denn neue Schimären der Angst. Wer dem Nicht-handeln-Können, Nicht-reden-Dürfen, dem Nichtigen überhaupt ein paar neu klingende Worte abgewinnt, wird alle Preise bekommen, über die das reiche, schwache Land verfügt. Er wird daraus, daß er den anderen die Lust am Leben nimmt, sein Leben finanzieren.

Das Volk, dem ich entstamme, hat sich solche Wehleidigkeit nie leisten können, kann es auch heute nicht. Meine Kinder machen hier Station, wenn sie aus Israel kommen, und erzählen mir Geschichten, für die es im Deutschen keinen Platz mehr gibt. Eli Freud hat recht, wenn er mir rät, in anderen Sprachen zu schreiben. Ich übe mich darin, finde Worte, die im heutigen Deutsch unmöglich scheinen. Aber ich schreibe gern deutsch. Kehre gern dorthin zurück. Es ist eine der großen europäischen Sprachen. Außerdem meine Muttersprache. Die Sprache meiner Mutter. Ich denke oft an meine Mutter in Deutschland. Vielleicht hatte sie recht mit ihrer Befürchtung: Du wirst es schwer haben, du bist ein Optimist.

ÜBER DEN AUTOR

Chaim Noll, geboren 1954 in Berlin. Deutsch-jüdische Familie, aufgewachsen im Milieu der DDR-Nomenklatura. Studium der Mathematik, dann fünf Jahre Kunsthochschule Ostberlin und Meisterschüler an der Akademie der Künste der DDR. 1980 Wehrdienstverweigerung, daraufhin Einweisung in psychiatrische Kliniken. 1984 Ausreise nach West-Berlin. Seither freier Schriftsteller, lebt in Rom und Berlin.

Verheiratet mit der Malerin Sabine Kahane, zwei (inzwischen erwachsene) Kinder.

Wichtigste Bücher: Der Abschied, Hamburg 1985, Rußland, Sommer, Loreley, Hamburg 1986, Berliner Scharade. Roman, Hamburg 1987, Der goldene Löffel. Roman, Stuttgart 1989, Nachtgedanken über Deutschland, Essay, Reinbek 1992, Taube und Stern, Prosa und Gedichte, Gnadenthal 1994. Freier Mitarbeiter zahlreicher Zeitungen, Zeitschriften, Rundfunksender, Co-Autor zahlreicher Bücher und Anthologien.

Mitglied des Exil-PEN.